智库报告　上海发布　权威报告　每年新版

2018—2019年
上海典当业发展报告

Report on the Development of Pawnbroking in Shanghai (2018–2019)

韩汉君　吴贤达　主编

上海社会科学院出版社
SHANGHAI ACADEMY OF SOCIAL SCIENCES PRESS

本报告编著人员

韩汉君　上海社会科学院经济研究所副所长、典当研究中心主任,研究员
赵玉春　上海市地方金融监督管理局监督管理一处副处长
刘　静　上海典当行业协会会长,上海民通典当有限公司董事长
诸晓江　上海典当行业协会秘书长
李小军　上海典当行业协会副秘书长
吴贤达　上海典当行业协会顾问
庄孝忠　上海典当行业协会顾问
孟祥沛　上海社会科学院法学研究所研究员,法学博士
李双金　上海社会科学院经济研究所副研究员,经济学博士
詹宇波　上海社会科学院经济研究所副研究员,经济学博士
李桂花　上海社会科学院经济研究所副研究员,经济学博士
吴明玺　上海社会科学院经济研究所助理研究员
王　玉　上海社会科学院世界中国学研究所,经济学博士
周志平　上海市华联典当行有限公司总经理
王福明　上海东方典当有限公司副董事长兼总裁
王世平　上海石泉典当行有限公司总经理
马　丁　上海市恒通典当有限公司总经理
张志豪　上海国盛典当有限公司总经理
董泰然　上海鑫顺典当有限责任公司总经理
李　英　上海国信典当有限公司总经理
周福亨　上海友邦典当有限公司董事长
张　静　上海泰优汇典当有限公司总经理
卢　强　上海弘信典当有限公司总经理

张大勇　合肥典当行业协会创始会长

邵　良　上海国盛典当有限公司副总经理

雷　晋　上海典当行业协会秘书长助理

金　阳　上海社会科学院经济研究所博士研究生

序　言

近年来，由于各种因素的叠加效应，使得典当行业再次面临如何生存和发展的问题。2018年，上海典当企业共完成典当总额373.27亿元，较2017年同比下降2.33%。典当业发展仍处于下降通道中。未来的典当业应该何去何从，需要进行深入的研究和探讨，这也是本报告首要予以关注的课题。

本年度研究报告包括总报告和8篇专题报告。总报告以"典当行业监管转隶　转折发展迎来契机"为题，详细分析上海典当业2018—2019年发展状况和特点；同时，研究了国内外宏观经济、金融市场动态，并结合经济金融形势分析典当业发展所处的经营环境。最后，总报告分析认为，典当行业发展确实遇到一定的困难，但未来仍然存在发展机会。典当从业者应该遵照国家制定的发展方针政策，灵活采用不同的经营模式，制定适合本企业发展目标和计划，在自己熟悉领域做深做透，通过稳健经营来渡过目前的难关。

专题报告则就"我国典当行业创新转型和升级发展的新方向""我国典当业监管体制改革及政策建议""违法成本低的原因及对策""新市场环境下我国典当行风险治理研究""典当行业多元化股权融资研究""新监管背景下典当业人力资源问题研究""美国、英国典当业发展及行业监管新趋势"和"日本、东南亚及港澳台地区典当业发展经验借鉴和启示"等典当行业发展遇到的重要问题，进行专题研究。

2019年，上海典当行业开始了自改革开放后恢复典当业以来的第四个十年的征程。典当业监管部门的变更对典当业而言既是机遇也是挑战。典当业应在新的定位、新的监管背景下，把握典当业务发展的新动向，梳理制约行业发展的相关问题，乘着上海建设国际金融中心的东风再出发。

左学金
上海社会科学院研究员
原上海社会科学院常务副院长兼经济研究所所长
2019年10月

目　　录

总　报　告

专 题 报 告

ZONG BAO GAO 总报告

典当行业监管转隶　转折发展迎来契机

——2018—2019 年上海典当业的发展

中国经济转型仍在继续，同时又面临着更为复杂的国际国内环境变化。2018 年 4 月开始的中美贸易摩擦给中国经济带来了新的不确定因素，对于广大企业，尤其是处于全球产业链上的中小企业的影响尤为严重。以此为背景，如何改善中小企业的经营环境和融资环境成为当前中国经济政策的重要导向之一。作为普惠金融的关键组成部分，典当业也应当在其中发挥重要的作用。同时，2018 年还是上海典当行业自改革开放后恢复典当业以来第 30 个年头。30 年来，上海典当业从单一的公有制企业，发展至目前公有制企业和多种所有制企业并存的局面。典当行业也一度出现高速发展、生机蓬勃的景象。近年来，由于各种因素的叠加效应，典当行业再次面临如何生存和发展的问题。未来的典当业应该何去何从，需要进行深入的研究和探讨，这也是本年度报告首要予以关注的课题。

一、2018—2019 年上海典当业经营状况

总体上，2018 年上海典当业经营情况呈现以下特点：第一，经营网点数进一步减少，在外部经济环境继续下行的压力下，行业整体业绩下滑幅度收窄，各主要业务品种趋于稳定，行业有回暖迹象。第二，在部分企业的带动下，机动车业务强劲增长，成为行业业绩增长新亮点，但总量仍然偏低。第三，两极分化情况进一步突出，龙头企业与经营不善企业呈现鲜明对比，龙头企业主要集中在国有大型企业、上市公司背景企业或大型民营集团背

景企业，这些企业由于资金、资源较为雄厚，业务量较大。在行业中起到了引领作用；而经营不佳企业，多为中小企业、民营企业，这部分企业资金匮乏，业务较弱，出现关、停、转等情况，部分企业已多次转让。第四，虽然主管部门转隶过渡期间所有变更暂停，致使2018年度企业变更数量不及往年，但有变更和转让意愿的企业不少，企业经营能力下降，经营困难，直接影响企业经营业绩，也影响行业整体业绩。第五，典当企业经营更加规范，服务质量不断提高，客户的信任度增强，使得部分企业业绩表现始终良好。另外，行业的投诉量累年减少，2018年度仅为2起，均获得妥善解决，这也从侧面展现典当行业服务质量的提高。第六，2018年度行业整体经营中，发现个别企业有突破监管底线或违规经营的情况，均被监管部门及时制止或整改，这也再次提醒了全市各典当企业，即使经营环境不佳，监管底线不能碰。

（一）上海典当企业经营网点及分布

截至2018年底，全国共有典当企业数量为9 593家，其中典当企业8 657家，分支机构936家。上海市典当企业共有242家，分支机构63家，共计305家经营网点。上海市典当企业占全国经营网点的3.18%。当前，典当企业在上海市各行政区的分布情况如表1所示。

表1　2018年上海市各行政区典当企业分布数量

行政区	经营网点	其中		所占比例	行政区	经营网点	其中		所占比例
		法人企业	分支机构				法人企业	分支机构	
黄浦区	26家	22家	4家	8.52%	闵行区	21家	17家	4家	6.89%
静安区	37家	31家	6家	12.13%	青浦区	10家	8家	2家	3.28%
徐汇区	25家	18家	7家	8.20%	松江区	9家	6家	3家	2.95%
虹口区	21家	17家	4家	6.89%	宝山区	13家	10家	3家	4.26%
普陀区	25家	16家	9家	8.20%	奉贤区	10家	10家	0家	3.28%
杨浦区	22家	20家	2家	7.21%	嘉定区	14家	12家	2家	4.59%
长宁区	20家	16家	4家	6.56%	金山区	2家	2家	0家	0.66%
浦东新区	48家	36家	12家	15.74%	崇明区	2家	1家	1家	0.66%

资料来源：上海典当行业协会。

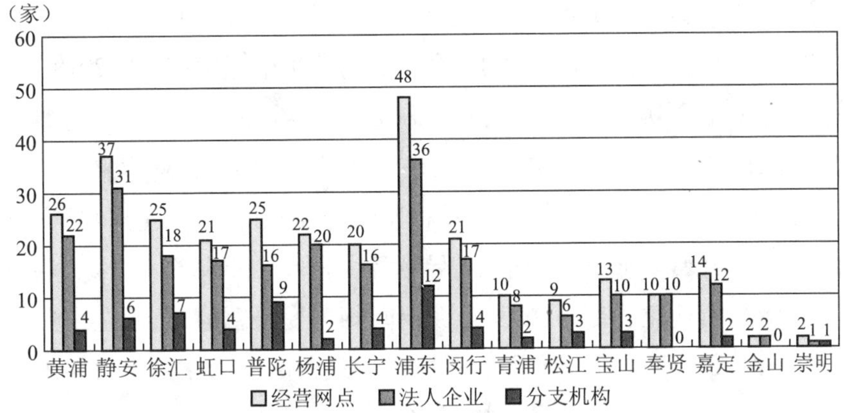

图 1　上海市各区典当企业经营网点数量比较

资料来源：上海典当行业协会。

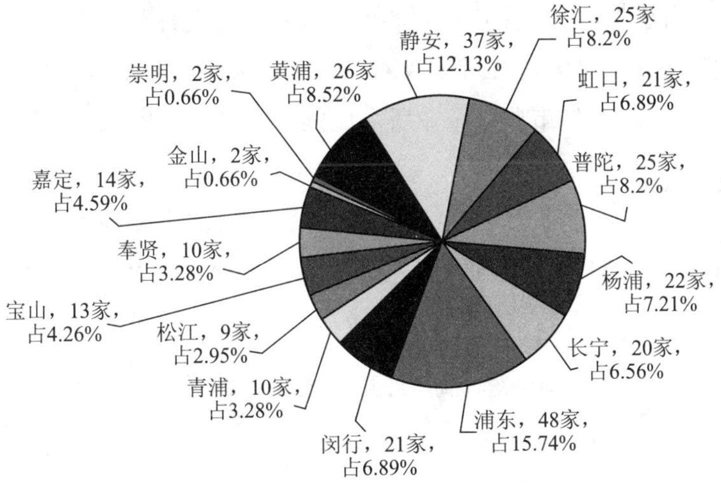

图 2　上海市各区典当企业经营网点分布比例

资料来源：上海典当行业协会。

如表 1 所示，上海的典当企业主要集中于中心区域。其中分布于浦东新区的典当企业最多，为 48 家，占全市典当企业总家数的 15.74%。排在其后的分别为静安区 37 家、黄浦区 26 家、徐汇和普陀各 25 家，所占比例分别为 12.13%、8.52%和 8.2%。典当企业较少分布在距离市中心较远的区域，如松江区、金山区和崇明区，仅分别有 9 家、2 家和 1 家。这表明，典当企业的聚集更多地与居民居住密集程度和区域消费集中程度有关。2018 年初，主管部门取消了“方圆一千米周围不设第二家典当行”的限制，这为典当企业变更选址“松了绑”，从而进一步强化了典当企业的集聚程度。

就增长变化情况来看，与上一年相比较，上海市新设了 1 家典当企业，但取消、终止经营企业进一步增多，导致经营网点数下降至 305 家。此外，由于 2018 年行业主管部门转隶，过渡期间相关变更暂停，致使全市典当企业变更情况减少。从企业所租房屋情况看，经营网点设在办公大楼内情况增多，且承诺不从事民品业务的情况增多。

（二）上海典当企业的经营状况

1. 注册资本金统计

截至当前，按 242 家企业计算的上海市典当企业注册资金总额为 64.13 亿元，同比去年 62.59 亿元，上升 2.46%。全国典当行业的注册资本金总额为 1 758.3 亿元，上海市典当企业所占比例为 3.65%。上海市典当企业的注册资本金分布情况如表 2 所示：就不同规模的企业分布来看，注册资本金主要集中在 1 000 万元至 5 000 万元以内的企业，共有 206 家，占上海市典当企业总数的 85.12%。注册资本金过亿的典当企业达 9 家，其中过 2 亿企业数较上一年增至 2 家，注册资本金最高的上海典当企业仍为 2.45 亿元。

表 2　2018 年上海典当企业的注册资本金分布结构

注册资本金分类	企业数	所占比重
1 000 万元以下（不含 1 000 万）	9 家	3.72%
1 000 万元—2 000 万元以下（不含 2 000 万）	98 家	40.5%
2 000 万元—5 000 万元以下（不含 5 000 万）	108 家	44.62%
5 000 万元—1 亿元（不含 1 亿）	18 家	7.44%
1 亿元—2 亿元（不含 2 亿）	7 家	2.89%
2 亿元以上	2 家	0.83%
共计	242 家	100%

资料来源：上海典当行业协会。

2. 上海典当企业经营情况

2018 年，上海市典当企业共完成典当总额 373.27 亿元，较 2017 年同比下降 2.33%。典当业务笔数方面，上海市典当企业经营的业务笔数总计 219 338 笔，其中新当 62 457 笔，续当 156 881 笔，同比下降 7.53%。上海市典当企业经营收入为 7.57 亿元，同比上升 4.68%。变化最大的是应交税金，2018 年为 0.71 亿元，同比大幅下降 31.82%。2018 年，上海市典当企业平均每笔典当业务金额为 17.02 万元，全上海典当业的平均月规模近 31.11 亿元。全上海典当业年末典当余额为 66.23 亿元，年平均经营规模约为 1.54 亿元。在资金周转方面，上海市典当业资金的年周转次数为 5.64 次，息费率为 1.74%，较上一年的 1.76%略有下降。

图 3 和图 4 描述了近十年来上海市典当企业的业务经营状况。在过去的十年中，上海典当行业的经营状况经历了快速发展，业务笔数从 2009 年的 309 998 笔增长到 2012 年的 430 209 笔，增长率达 38.78%；业务金额从 2009 年的 272.43 亿元增长到 2012 年的 544.54 亿元，增长率达 99.88%。无论是业务笔数还是业务金额均达到了这一时期的顶峰。但是，自此之后随着监管政策面转向收缩，典当业融资渠道受到限制，其业务发展态势出现逆转。在接下来的 6 年中，上海典当业经营规模出现持续萎缩，其中业务笔数从 2012 年的 430 209 笔降至 2018 年的 219 338 笔，降幅达 49.02%；

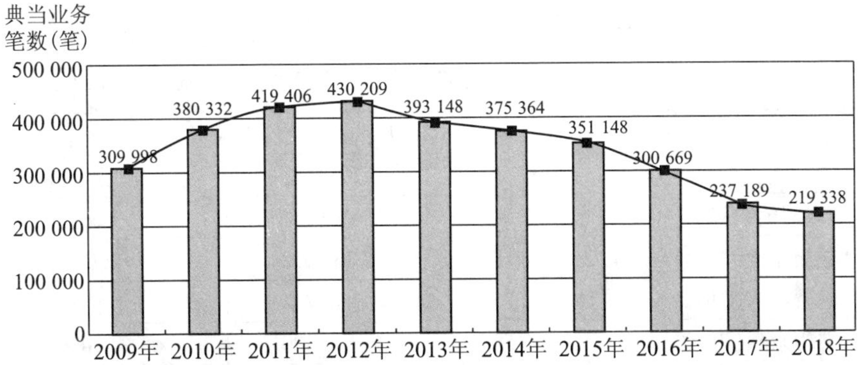

图 3　2009—2018 年上海市典当企业经营业务笔数变化趋势

资料来源：上海典当行业协会。

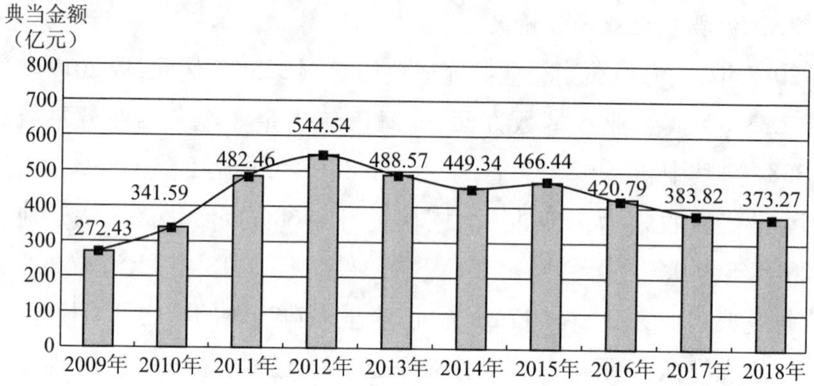

图 4　2009—2018 年上海市典当企业经营业务金额变化趋势

资料来源：上海典当行业协会。

业务金额从 2012 年的 544.54 亿元降至 2018 年的 373.27 亿元，降幅达 31.45%。2019 年 1—8 月，上海典当业完成的典当业务笔数为 138 405 笔，典当总额为 229.57 亿元，预计全年将与上一年持平。

表 3 对 2017 年和 2018 年的上海典当行业的主要经营指标进行了比较。在表中，除了总费收入较 2017 年有 4.68%的增长外，其他各项指标均出现了下降。其中下降最多的是应交税金，从 2017 年的 10 484 万元下降到 2018 年的 7 148 万元，降幅达 31.82%。典当笔数也由 2017 年的 237 189 笔降至 2018 年的 21 938 笔，降幅达 7.53%。但是，由于平均每笔典当金额有所上升，因此典当总额和典当余额虽有所下降，但降幅均不超过 3%。

表 3　2017—2018 年上海典当业主要经营指标情况（单位：万元）

	2017—2018 年情况对比		
	2017 年	2018 年	同比增减比例
典当笔数（笔）	237 189	219 338	−7.53%
典当总额（万元）	3 838 186	3 732 692	−2.75%
总费收入（万元）	72 357	75 744	4.68%
典当余额（万元）	677 587	662 300	−2.26%
应交税金（万元）	10 484	7 148	−31.82%

资料来源：上海典当行业协会。

（三）上海典当业发展与全国的对比

在表 4 中，我们将上海典当业数据与全国数据进行了对比，据此得以发现与全国水平相比较，上海典当行业在最近两年中的发展状况和排名情况。在全国层面，根据上报数据的省级行政区和计划单列市的数据，典当笔数、典当总额和应交税金均出现下滑，降幅分别为 4.68%、1.3% 和 4.4%；而典当总费收入和典当余额则有所上升，增幅分别为 5.5% 和 2.3%。在业务构成上，除了房地产典当业务基本与 2017 年持平外，财产权利和动产典当业务均有所下滑，降幅分别为 4.3% 和 2.1%。上海在全国的排名情况总体稳定，总费收入全国排名由 2017 年的第四位升至第三位，占全国典当收入的 7.87%；而应交税金则由之前的第二位降至第四位，占全国水平的 10.4%。

表 4　2018 年上海典当业与全国业务数据对比

	全国情况		上海情况		上海在全国省市排名	
	全国数据	同比去年	上海数据	所占比重	2017 年度全国排名	2018 年度全国排名
典当笔数（万笔）	171	−4.68%	21.9	12.8%	3	3
典当总额（亿元）	2 863.2	−1.3%	373.3	13%	2	2
总费收入（亿元）	96.2	5.5%	7.6	7.9%	4	3
典当余额（亿元）	985.8	2.3%	66.2	6.7%	4	4
应交税金（亿元）	6.7	−4.4%	0.7	10.4%	2	4
房地产（亿元）	1 518.1	0.14%	243.8	16.1%	2	2
财产权利（亿元）	414.4	−4.3%	42.8	10.3%	3	3
动产（亿元）	930.7	−2.1%	86.6	9.3%	3	3
息费率（%）	2.91	—	1.74	—	33	36

资料来源：上海典当行业协会与全国上报数据的 37 个行政区数据。

二、2018—2019 年上海典当业务发展特点

（一）上海典当业务发展总体状况

2018 年，上海典当行业业务笔数、典当总额延续了去年的下滑趋势，但

下滑幅度有所收窄;而经营收入同比去年上升 4.68%。典当业务收入在典当业务总量下降的情况下反而上升,这与国家在去年实施的减税降费优惠政策有关,部分企业得益于此出现业绩上升。此外,这一变化与收回逾期款项以及个别企业大幅增资后产生规模效应等因素也有一定关系。

上海典当业中有 20%的企业业绩明显上升,51%的企业业绩不同程度下滑,20%的企业业务处于停滞状态,其余企业基本持平或无明显变化。约 40%的企业出现亏损,且亏损面有所增大。年典当总额过亿的企业有 66 家(其中过 10 亿的有 7 家),占全行业企业数量的 27.3%,同比去年减少 13 家。这 66 家过亿企业的典当总额合计占全市总额的 88.79%,其中典当总额排名前 30 的企业占全市典当总额的 73.9%,比重同比去年进一步上升。

如表 5 和图 5 所示,从具体典当业务构成上看,房地产典当仍然是近两年来上海典当行业的最主要品种,2017 年和 2018 年占所有典当业务总额比例分别是 65.04%和 65.32%。财产权利所占比例较低,但是 2018 年业务总额较上一年下降 5.98%。机动车业务的增长最为强劲,从 2017 年的 44 742 万元激增至 2018 年的 80 430 万元,增幅达 79.76%。下降幅度最大者为生产资料业务,从 2017 年的 72 807 万元下降到 2018 年的 51 075 万元,降幅达 29.85%,从事的生产资料业务的典当企业数也减少到个位数。

表 5 2017—2019 年上半年上海典当业主要业务经营情况

(单位:万元)

	2017—2018 年情况对比			2019 年 1—8 月
	2017 年	2018 年	同比增减比例	
典当总额	3 838 186	3 732 692	−2.75%	2 295 700
其中:房 地 产	2 496 342	2 438 289	−2.33%	1 387 500
财产权利	455 685	428 427	−5.98%	395 600
动 产	886 159	865 976	−2.28%	512 600

资料来源:上海典当行业协会。

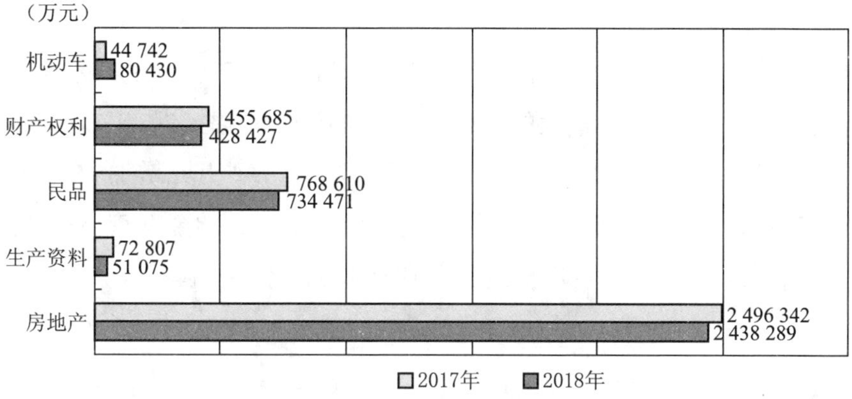

图5　2017—2018 上海市典当行业业务构成变化

资料来源：上海典当行业协会。

表6总结了2009到2018年这十年以来上海典当业务构成情况的变化。近十年里，房地产一直都是上海典当业当中占比最高的业务，所占比例从2009年的56.7%上升到65.3%。所占比例上升幅度最大的业务是民品，从2009年的9%上升至2018年的19.7%；下降幅度最大的是生产资料业务，从2009年的20.7%下降到2018年的1.3%。机动车业务所占比例在近几年有所上升，但也仅为2.2%。

表6　近10年上海典当业务构成变化

	房地产	机动车	生产资料	财产权利	民品
2018	65.3%	2.2%	1.3%	11.5%	19.7%
2017	65%	1.2%	1.9%	11.9%	20%
2016	60.6%	1.9%	3.6%	11.5%	22.4%
2015	58.3%	2%	5.6%	10.4%	23.7%
2014	57.7%	2.1%	6.9%	12.4%	20.9%
2013	59.3%	1.9%	11.4%	11.5%	15.9%
2012	54.1%	1.4%	22.1%	10.6%	11.8%
2011	54.2%	1.3%	25.5%	12.9%	6.1%
2010	53%	1.2%	24.1%	12.9%	8.8%
2009	56.7%	1.3%	20.7%	12.3%	9%

资料来源：上海典当行业协会。

表 7 对 2017 到 2019 年上半年上海典当业的动产业务及其构成进行了比较。总体而言,动产典当业务略有萎缩,降幅为 2.28%。在业务构成方面,2017 至 2018 年降幅最大的还是生产资料业务,降幅接近 30%。在此期间,机动车业务成为最大的亮点,从 2017 年的 44 742 万元增加到 2018 年的 80 430 万元,增幅达 79.76%。但是由于机动车业务的金额较小,因此其业务量的大幅攀升并不足以抵消动产典当业务的整体下降。

表 7　2017—2019 年上半年上海典当业的动产业务及其构成

（单位:万元）

	2017—2018 年情况对比			2019 年 1—8 月
	2017 年	2018 年	同比增减比例	
动　　产(万元)	886 159	865 976	−2.28%	512 600
其　中:生产资料	72 807	51 075	−29.85%	51 000
机 动 车	44 742	80 430	79.76%	69 200
民　　品	768 610	734 471	−4.44%	392 400

资料来源:上海典当行业协会。

(二) 上海典当业务发展特点

1. 房地产典当业务比重继续加重,始终是行业业绩稳定的保障

2018 年,上海房地产典当业务同比下降 2.33%,维持去年起呈现的下降幅度收窄局面,所占比重继续加重,达 65.3%,收入中的近六成来源于房地产业务,始终是行业最稳定的主要业务。由于 2018 年国家对房地产市场仍然保持较为严格的调控政策,且这一政策将常态化,上海市房地产市场 2018 年继续保持"量缩价稳"的总体态势,这一稳定局面促使本市典当行业房地产业务发展趋于稳定。

表 8　2017—2019 年上半年上海房地产典当业务　（单位:万元）

	2017—2018 年情况对比			2019 年 1—8 月
	2017 年	2018 年	同比增减比例	
房地产	2 496 342	2 438 289	−2.33%	1 387 500

资料来源:上海典当行业协会。

图 6 显示近十年以来上海市房地产典当业务的发展变化。2012 年以前，上海房地产典当业务保持了稳步上升的趋势，从 2009 年的 1 545 586 万元上升至 2012 年的 2 945 822 万元，三年内几乎实现了翻番。但自此之后并未延续增长趋势，业务总量开始呈下降趋势。自 2015 年以来，上海市房地产典当业务已经连续 4 年下降。

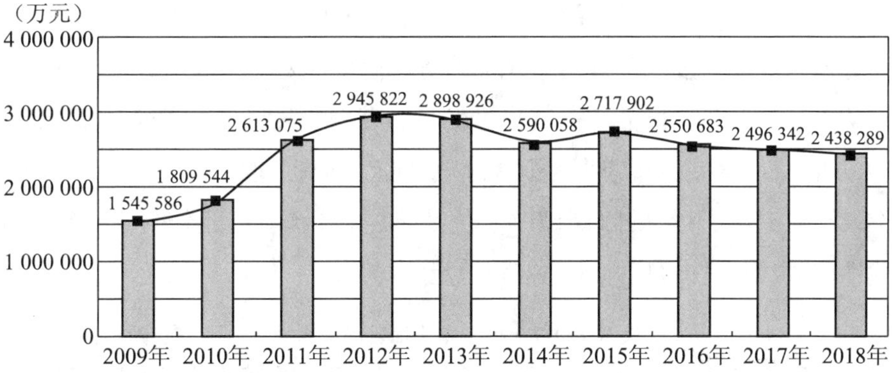

图 6　2009—2018 年上海房地产典当业务发展趋势

资料来源：上海典当行业协会。

2018 年上海市房地产典当业务还呈现出以下特点：第一，2018 年房地产典当业务息费率为 1.54%，息费率长期处于低位态势不变，有进一步下降的趋势。有企业的息费率最低水平已降至不足 1%，造成房地产业务息费收入有所下降，这与外部整体融资市场息费率下降有关。由于融资渠道多元化，迫使行业不得不主动下降息费来迎合市场需求。第二，在业务快速拓展的同时，风险意识有所不足。房地产业务中逾期业务同比去年有所增加，逾期率超 10%，虽然房地产业务绝当额只占放贷额的 0.87%，但是金额高达 2 100 万元，约占行业年净利润的 6.9%，且这一情况有扩大的趋势，房地产绝当年度变现率不足 10%，如不能有效遏制，很可能成为企业的长期负担，最终拖垮企业。第三，房地产业务不再仅仅扮演单纯的抵押物角色,很多情况下扮演担保物的角色。如作为股权质押业务的担保物一并抵押给典当企业。

2. 民品典当业务下滑趋缓,需寻找新的业务增长点

2018 年,上海民品典当业务同比去年下降 4.44%,连续的快速下滑势头得到明显遏制,所占比重也稳定在两成左右。其中,金银珠宝类业务占 63.18%,同比上升 5.43%,依旧是最传统、最主要、最稳健的民品业务。艺术品、生活资料及其他民品分别占份额的 14.87%、8.03%、13.92%,且规模同比均有不同程度下降。从事民品业务的企业家数为 150 家,其中 36 家只仅从事民品业务。民品业务规模过亿企业有 20 家,其中 1 家过 10 亿,多于 2017 年的 17 家。对专业从事民品业务的企业而言,取消“方圆一千米周围不设第二家典当行”的限制破解了选址难题,保障了这部分企业的经营连续性,这也间接使得民品业务得到稳定。

表 9　2017—2018 年上海民品典当业务　　(单位:万元)

	2017 年	2018 年	同比增减比例
民　　品	768 610	734 471	-4.44%
其　中:金银珠宝类	440 143	464 034	5.43%
艺　术　品	143 765	109 217	-24.03%
生活资料类	75 336	58 998	-21.69%
其　他　类	109 366	102 222	-6.53%

资料来源:上海典当行业协会。

图 7 总结了 2009 至 2018 年上海民品典当业务额的发展变化。直至 2015 年之前,民品典当业务都保持了稳定增长的发展态势,从 2009 年的 246 235 万元增加到 2015 年的 1 105 691 万元,增幅达 349.04%,可谓实现了跨越式增长。2015 年之后,民品典当业务出现急速下滑,2017 年降至 768 610 万元,与 2015 年相较下降 30.49%。2018 年则延续了下降趋势,但降幅有所缩小。

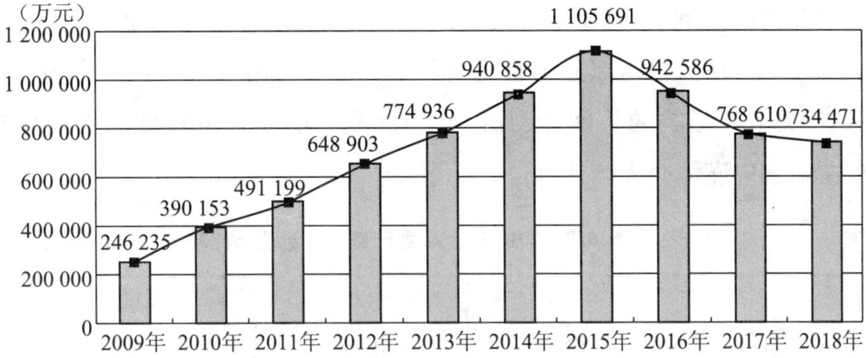

图 7　2009—2018 年上海民品典当业务发展趋势

资料来源:上海典当行业协会。

上海民品典当业务还存在以下其他特点:第一,民品业务还是以最传统的金银珠宝类为主,该类业务同比去年有所增长,但趋于饱和,继续快速增长空间有限,寻找新的业务增长点,突破民品发展瓶颈值得关注。此外,艺术品类业务从事企业从 2015 年 30 多家减少至 2018 年的 12 家,业务额也下降了近 30%。第二,从事民品的企业数减少至 150 家。一些原本有条件从事民品业务的企业,由于门面条件、初期投入、人才缺失等问题放弃该业务。第三,民品业务绝当处置难。虽说贵金属类当物处置较快,但是流通性较差的翡翠玉石、艺术品等处置较难,2018 年有典当企业通过大型拍卖会或参加行业性珠宝展对这些当物进行集中处置,但效果并不理想。第四,民品估价鉴定人才缺失情况严重,典当企业门店一般只有 1—2 名专业鉴定人员,如果发生跳槽离职,门店只能放弃民品业务。缺失原因主要有,典当估价师待遇与其他行业相比落于下风,经营环境不稳定;由于培养民品估价人才周期长,后备人才培养跟不上企业需求,且需要一定投入。

3. 生产资料典当业务已边缘化

2018 年,上海的生产资料典当业务下降幅度有所收窄,但仍高达 29.85%,所占比重首次低于机动车业务,仅为 1.3%,从事的企业数降至 8 家,边缘化已成常态。自 2013 年起,生产资料典当业务受钢贸业务失败冲击，出现断崖式下跌，波及企业较多，涉及金额较大，影响时间较长，这一情形是前所未有的，目前部分企业还没有摆脱这一冲击带来的负面影响。考虑到相关事件影响的长期性，我们认为此业务的质押或抵押的可靠性较差，在未来应谨慎介入。

表 10　2017—2018 年上海生产资料典当业务比较　（单位：万元）

	2017 年	2018 年	同比增减比例
生产资料	72 807	51 075	−29.85%

资料来源：上海典当行业协会。

4. 财产权利业务逐渐筑底，未来有望获得新生

2018 年，上海财产权利典当业务同比去年下跌 5.98%，所占比重仍为 10%左右，未有明显变化。从事财产权利典当业务的企业数为 59 家，逾期业务不足 5%，息费率月平均 1.2%。从数据上看，财产权利业务连续出现窄幅下跌，但逾期率逐年下降，表明风险可控，有逐渐筑底迹象。

表 11　2017—2019 年上半年上海财产权利典当业务比较

（单位：万元）

	2017—2018 年情况对比			2019 年 1—8 月
	2017 年	2018 年	同比增减比例	
财产权利	455 685	428 427	−5.98%	395 600

资料来源：上海典当行业协会。

财产权利典当业务的主要业务还是企业股权，多为集团公司内部相关业务或有股东背景的相关业务，外加要求客户提供充足担保物，如房产等固定资产，业务风险可控，另外有部分企业从事票据的典当业务。2018 年，在全国范围内对票据典当的法理解释、操作流程、风险控制等方面进行了较为广泛的讨论，上海市也召开过票据典当的专题座谈会，邀请部分这方面较好的企业介绍经验，寻求在业内的小范围合作试点，以便有效防范风

险，让财产权利典当业务获得进一步发展。

5. 机动车业务强劲反弹，科学化经营模式得到推广

在 2017 年断崖式下滑后，机动车典当业务在 2018 年出现了强劲反弹，规模同比去年上涨 79.76%，所占比重上升至 2.2%。业务过亿的企业也有 2 家，多家企业在 2018 年度表现不俗。该业务超预期地收复 2017 的全部亏损，业绩反超 2016 年。2019 年 1—8 月机动车典当业务额达 69 200 万元，预计全年将有较好的增长水平。

表 12　2017—2019 年上半年上海机动车典当业务　（单位：万元）

	2017—2018 年情况对比			2019 年 1—8 月
	2018 年	2017 年	同比增减比例	
机动车	80 430	44 742	79.76%	69 200

资料来源：上海典当行业协会。

机动车典当业务大幅上涨的原因主要有以下几点：第一，机动车业务科学化的经营模式得到推广，不少企业通过学习取经，在实操中获得成功运用。企业业务操作更为人性化、便捷化，突显了典当的本质特性，获得了客户的认同，助力业务的顺利拓展。第二，部分企业寻找到新的业务市场，使得业绩有跳跃式增长。第三，机动车信息查询、质押登记方便的流程，为典当质押业务保驾护航，间接助力机动车业务的发展。

在这一业务的业绩大幅上升的同时，我们还应注意到其中的隐忧。例如，业务排名前十的机动车典当企业占了业务总量的 86.03%，尤其排名前三的企业占了半壁江山。这说明，机动车业务的上升还只是部分企业的单独爆发式增长所致。此外，从事机动车业务的企业数不足两成，业务比重还很小，还属于小众化、低比重业务，后续拓展还需要努力。总之，上海的机动车市场庞大，只要找准风险与收益的平衡点，有较深的潜力可挖。

（三）上海典当业为小微企业服务情况

2018 年，典当行业主管职能部门已转隶，行业从原本特殊工商行业、准

金融行业等难以定性的称谓，明确归属为“银行业非存款类金融机构”。行业定性的确定，为行业的经营服务指明了方向。中小微企业仍然是典当行业最主要服务群体，典当行业也将常态化地扮演好社会融资体系中有益补充的角色。

2018 年，上海典当行业 80%的服务群体为中小微企业的小额短期融资借款，约 298.62 亿元；10%为城市居民消费型短期小额贷款；余下的 10%为市民应急性小额贷款。但是，业务笔数与规模正好成反比，25%左右的笔数是中小微企业，其中 97%的业务笔数是小微企业；20%左右为城市居民消费型短期小额贷款；55%以上为市民应急性小额贷款。房地产仍然是中小微企业向典当企业融资最主要的当物。2018 年，房地产典当融资额达 219.45 亿元，其中单笔业务额在 100 万元以下占 9.5%，100 万—200 万元占 19%，200 万—1 000 万元占 61.7%，1 000 万元以上占 9.8%。

三、国内外宏观经济运行及金融市场发展分析

（一）宏观经济运行状况与发展趋势

2019 年以来，全球经济下行压力加大，全球贸易、投资、工业生产等活动放缓态势更加明显，保护主义、单边主义和逆全球化对全球经济活动的干扰加大，大部分主要经济体面临程度不同的经济下行压力，发达国家货币政策拐点显现，部分新兴经济体出现金融动荡，世界经济处于周期性见顶回落阶段，下行风险加大。2019 年初以来，全球主要经济机构如国际货币基金组织、世界银行、经合组织等下调了今明两年经济增长预期，其中国际货币基金组织连续三次下调经济增长预期。当前，中美经贸谈判、英国脱欧推迟、美国经济衰退风险、美联储货币政策转向等都将对 2019 年世界经济走势和金融市场稳定产生较大影响。因此，在推进金融改革开放时，必须对全球经济金融环境变化给予充分的考虑并做好防范措施的准备，抓住机遇并规避可能出现的风险。

1. 全球主要经济体发展现状

当前,世界经济存在以下特点:第一,除2017年实现了3.8%的增长外,世界经济增速始终运行在长期趋势线之下,而且在可预见的未来很难回升到长期趋势线之上;第二,全球贸易增长一反以往远高于全球经济增长的状况,近年来开始低于全球经济增长。从近期指标看,从2018年底到2019年初,全球的工业经济生产贸易指数均呈现下行趋势,其中全球贸易下滑速度尤其快,表明全球贸易紧张局势以及投资放缓后的全球经济局势恶化。

从全球主要经济体的情况来看,美国表现比较强劲,2018年经济增速为2.9%,失业率降至4%以内。但受美联储加息缩表和财政刺激政策效应减弱等因素影响,GDP季度环比折年率增速自去年第二季度创下4.2%的新高后呈回落趋势,四季度降至2.2%,同时股市大幅下挫,波动剧烈,显示企业盈利水平可能见顶。长短期国债收益率也出现倒挂,预示经济增速放缓甚至衰退风险增大。2019年以来,美国经济虽仍然相对强劲,但非农就业增速放缓,1月份失业率小幅上扬至4%,长短期国债收益率持续倒挂,经济增速放缓趋势明显。当前,美联储已停止加息,并将于9月停止缩表。受此影响,美国股市重拾升势,美元指数先贬后升,波动加大。根据有关机构预计,2019年美国经济增速将放缓至2.2%以下,市场普遍预期美国经济滑向周期性衰退的概率增大。

2018年下半年以来,欧元区经济增速显著放缓,去年季度同比增速从一、二季度的2.1%、2.3%回落至三、四季度的1.6%、1.3%,全年仅增长1.8%,远低于预期。在主要欧洲经济体中,意大利经济已连续两个季度负增长,德国和法国经济增长也明显乏力。2019年以来,欧元区主要经济指标继续呈现疲弱态势,制造业PMI指数持续回落,2月份降至50%的荣枯线以下,消费者信心指数也低于去年同期水平,但失业率仍保持在8%以下的较低水平。受全球经济增速放缓、贸易摩擦加剧、英国推迟脱欧等因素影响,欧元区经济疲弱态势难以扭转,预计2019年增速将进一步回落至

1.3%以下,欧央行也将继续维持宽松货币政策。

2018年的日本经济表现差强人意,一、三季度出现较大幅度的负增长,全年仅增长0.9%,并且通缩压力依旧较大,企业投资意愿不足,工资上涨缓慢,日本央行只能继续维持量宽政策。2019年以来,日本经济依旧增长动能不足,1月份零售总额环比萎缩2.3%,工业生产持续回落,出口增长放缓,景气动向指数连续数月持续下滑,消费者信心指数也处于2018年10月份以来的最低水平。但就业形势良好,1月份失业率仅为2.5%。预计2019年日本经济增速将小幅回升至1.0%。

2008年国际金融危机发生后,新兴经济体表现持续疲弱,2015年甚至出现直线下滑,俄罗斯、巴西一度陷入衰退,2016年起整体有所回升,但内部出现分化。在石油等大宗商品价格回升的带动下,俄罗斯经济企稳回升,2018年增长2.3%,预计2019年将增长1.6%;巴西经济摆脱衰退,2018年增长了1.1%,预计2019年将加快至2.1%;印度经济保持中高速增长,2018年经济增速7.1%,预计2019年增长7.3%;南非经济增速2018年下滑至0.8%,预计2019年将回升至1.2%。在全球经济贸易增长放缓、贸易摩擦加剧、美联储货币政策调整的背景下,2019年新兴经济体总体面临外需拉动减弱、金融市场波动加大等方面的挑战,同时债务问题和地缘政治冲突多点频发也带来诸多不确定性。

2. 中国宏观经济运行

自2010年至今,中国经济总量稳居世界第二,2018年国内生产总值900 309亿元,按可比价格计算,比上年增长6.6%,实现了6.5%左右的预期发展目标,占世界经济的比重超过15%。其中,第一产业增加值64 734亿元,增长3.5%;第二产业增加值366 001亿元,增长5.8%;第三产业增加值469 575亿元,增长7.6%。第一产业增加值占国内生产总值的比重为7.2%,第二产业增加值比重为40.7%,第三产业增加值比重为52.2%。2018年最终消费支出对国内生产总值增长的贡献率为76.2%,资本形成总额的贡献率为32.4%,货物和服务净出口的贡献率为-8.6%。国民总收入

896 915 亿元,比上年增长 6.5%。2019 年上半年,国内生产总值为 450 933 亿元,按可比价格计算,同比增长 6.3%。分季度看,一季度同比增长 6.4%,二季度增长 6.2%。分产业看,第一产业增加值 23 207 亿元,同比增长 3.0%;第二产业增加值 179 984 亿元,增长 5.8%;第三产业增加值 247 743 亿元,增长 7.0%。

2018 年中国国内生产总值折算成美元为 13.6 万亿,超过美国 2005 年 GDP 水平。2018 年,中国人均 GDP 为 64 520 元,折算为 9 487 美元;全国人均可支配收入 28 228 元,折算为 4 148 美元,接近 20 世纪 70 年代末的美国、德国、法国、日本,20 世纪 80 年代初的英国和 90 年代初的韩国。2018 年,中国第二产业增加值折算为 53 819 亿美元,几乎是美国、日本、德国三国制造业增加值总和,是名副其实的世界第一制造业大国。第三产业增加值 469 575 亿元,折算成美元为 69 049 亿,相当于美国 1998 年水平。2017 年,美国第三产业增加值 155 219 亿美元,是中国第三产业增加值的 2 倍以上,占 GDP 比例为 80%,超过了 2018 年中国 GDP 总量。

2018 年,中国社会消费品零售总额 380 987 亿元,折算成美元 56 022 亿美元。美国 2017 年社会消费品零售总额在 5.5 万亿—5.7 万亿美元之间。中国社会消费品零售总额已经与美国相当,或者已经超过美国。而在十年前,中国的这一数据仅为美国的四分之一。按经营地统计,城镇消费品零售额 325 637 亿元,增长 8.8%;乡村消费品零售额 55 350 亿元,增长 10.1%。按消费类型统计,商品零售额 338 271 亿元,增长 8.9%;餐饮收入额 42 716 亿元,增长 9.5%。2019 年上半年,社会消费品零售总额 195 210 亿元,同比增长 8.4%,增速比一季度加快 0.1 个百分点。6 月份,社会消费品零售总额 33 878 亿元,同比增长 9.8%,比上月加快 1.2 个百分点,环比增长 0.96%。上半年,按经营单位所在地分,城镇消费品零售额 166 924 亿元,同比增长 8.3%;乡村消费品零售额 28 286 亿元,增长 9.1%。按消费类型分,餐饮收入 21 279 亿元,增长 9.4%;商品零售 173 930 亿元,增长 8.3%。消费升级类商品销售增长较快,限额以上单位化妆品类同比增长

13.2%，增速快于社会消费品零售总额 4.8 个百分点。2019 年上半年，全国网上零售额 48 161 亿元，同比增长 17.8%，比一季度加快 2.5 个百分点。其中，实物商品网上零售额 38 165 亿元，增长 21.6%，占社会消费品零售总额的比重为 19.6%，比一季度提高 1.4 个百分点。零售额扩大和购买力的增长，不仅意味着中国民众生活水平的提升，同时对于推动中国经济由投资驱动向消费驱动转变有着重要意义。但是，中国人均消费额仅为美国的四分之一，而且中国的恩格尔系数仍远高于美国水平，这说明消费水平的提升仍有很大空间。

当前，中国经济正处于转型升级的关键期。2012 年，我国第三产业比重首次超过第二产业。2018 年，第一产业增加值 64 734 亿元，增长 3.5%；第二产业增加值 366 001 亿元，增长 5.8%；第三产业增加值 469 575 亿元，增长 7.6%。第一产业增加值占国内生产总值的比重为 7.2%，第二产业增加值比重为 40.7%，第三产业增加值比重为 52.2%。2018 年规模以上工业中，农副食品加工业增加值比上年增长 5.9%，纺织业增长 1.0%，化学原料和化学制品制造业增长 3.6%，非金属矿物制品业增长 4.6%，黑色金属冶炼和压延加工业增长 7.0%，通用设备制造业增长 7.2%，专用设备制造业增长 10.9%，汽车制造业增长 4.9%，电气机械和器材制造业增长 7.3%，计算机、通信和其他电子设备制造业增长 13.1%，电力、热力生产和供应业增长 9.6%。

通过产业结构调整和技术研发投入的增强，中国工业正在向产业链的中高端发展，未来发展空间巨大。2018 全年规模以上工业企业利润 66 351 亿元，比上年增长 10.3%。分经济类型看，国有控股企业利润 18 583 亿元，比上年增长 12.6%；股份制企业 46 975 亿元，增长 14.4%，外商及港澳台商投资企业 16 776 亿元，增长 1.9%；私营企业 17 137 亿元，增长 11.9%。分门类看，采矿业利润 5 246 亿元，比上年增长 40.1%；制造业 56 964 亿元，增长 8.7%；电力、热力、燃气及水生产和供应业 4 141 亿元，增长 4.3%。全年规模以上工业企业主营业务收入利润率为 6.49%，比上年提高 0.11 个百分点。

战略性新兴产业正逐步成为中国经济实现高质量增长的新动能。在2018年规模以上工业中，战略性新兴产业增加值比上年增长8.9%。高技术制造业增加值增长11.7%，占规模以上工业增加值的比重为13.9%。装备制造业增加值增长8.1%，占规模以上工业增加值的比重为32.9%。全年规模以上服务业中，战略性新兴服务业营业收入比上年增长14.6%。全年高技术产业投资比上年增长14.9%，工业技术改造投资增长12.8%。全年新能源汽车产量115万辆，比上年增长66.2%；智能电视产量11 376万台，增长17.7%。全年网上零售额90 065亿元，比上年增长23.9%。2019上半年，服务业继续保持较好发展势头。信息传输、软件和信息技术服务业，租赁和商务服务业，交通运输、仓储和邮政业，金融业增加值同比分别增长20.6%、7.8%、7.3%和7.3%，增速分别快于第三产业13.6、0.8、0.3和0.3个百分点。2019上半年，全国服务业生产指数同比增长7.3%，比一季度回落0.1个百分点；其中6月份增长7.1%，比5月份加快0.1个百分点。6月份，服务业商务活动指数为53.4%，继续保持在荣枯线以上。服务业业务活动预期指数为60.3%，处于较高水平。审视中国与世界的经济联系的演变过程，技术是一个核心关注点。在数字化、自动化和人工智能技术逐渐普及的时代，持续创新已成为中国经济发展的核心动力。技术链是最复杂的价值链之一，尤其需要各方通力协作，而中国早已深度融入其中，并占据了相当大的全球进出口份额。据统计，在11个高科技领域的81项技术结果里，中国对其中超过90%的技术均采用了全球标准。

自2001年加入WTO后，中国在融入世界经济的历程中获得长足发展，成为具有全球影响力的贸易大国。世界对中国经济的依存度逐年上升，中国作为消费市场、供应方和资本提供方的重要性日益凸显。作为世界第一大货物贸易国、世界第二大外国直接投资目的地国和来源国，中国贡献了全球制造业总产出的35%。2000—2017年，世界对中国经济的综合依存度指数从0.4逐步增长到1.2。同期，中国贡献了31%的全球家庭消费增长额，成为汽车、酒类、手机等许多品类的全球第一大市场。2015—2017 年间，中国是世界第二大 FDI 目的地国和来源国，其中地理位置邻近中国、资源贸易占比较高，并且参与跨境资本流动的国家对中国经济的依存度最高。2018 年货物进出口总额 305 050 亿元，比上年增长 9.7%。其中，出口 164 177 亿元，增长 7.1%；进口 140 874 亿元，增长 12.9%。货物进出口顺差 23 303 亿元，比上年减少 5 217 亿元。对“一带一路”沿线国家进出口总额 83 657 亿元，比上年增长 13.3%。其中，出口 46 478 亿元，增长 7.9%；进口 37 179 亿元，增长 20.9%。2018 年服务进出口总额 52 402 亿元，比上年增长 11.5%。其中，服务出口 17 658 亿元，增长 14.6%；服务进口 34 744 亿元，增长 10.0%。服务进出口逆差 17 086 亿元。全年外商直接投资（不含银行、证券、保险领域）新设立企业 60 533 家，比上年增长 69.8%。实际使用外商直接投资金额 8 856 亿元，增长 0.9%，折 1 350 亿美元，增长 3.0%。其中“一带一路”沿线国家对华直接投资新设立企业 4 479 家，增长 16.1%；对华直接投资金额 424 亿元，增长 13.2%，折 64 亿美元，增长 16.0%。全年高技术制造业实际使用外资 898 亿元，增长 35.1%，折 137 亿美元，增长 38.1%。目前，中国积极推动“一带一路”建设的红利在逐步显现，从 2019 年 1—5 月份进出口的情况来看，我国对“一带一路”沿线国家的进出口增长 9%。外资方面，1—5 月份引进外资数量同比增长 6.8%。这些情况其实都说明中国在实现自身发展过程中也为世界发展创造了红利。

同时，中国与世界融合的进程仍有巨大的深化空间，以上榜《财富》世界 500 强的中国企业为例，其海外营收占比不到 20%，而标普 500 上市公司的平均占比为 44%。随着收入的增长，中国的消费市场将继续繁荣。在很多消费领域，中国已与世界高度融合，并且未来还有更大发展空间。跨国企业在中国消费市场的渗透率远高于在美国市场的渗透率，按品类和市场划分，跨国企业在 30 大商品品类中占据的市场份额在中国平均为 40%，美国则为 26%。未来，中国市场将为国内外企业提供更加巨大的商机：一方面，中国正在经历广泛的消费升级，中国消费者期待拥有更多、更好的商品和服务选择。麦肯锡2018年全球消费者信心调查显示，中国有26%的受访者整体处于消费升级状态，而全球另外10个顶尖经济体的平均比例为17%。另一方面，越来越多的中国人走出国门进行境外消费，为目的地国家的企业创造更多商机。据估计，2030年中国消费增长将高达6万亿美元，相当于美国与西欧的总和。在将发展重心转向附加值更高的产业后，中国会从新兴市场经济体进口更多劳动密集型商品、从发达经济体进口更多优质商品，从而帮助其他经济体创造更多就业和商业机会。

（二）金融市场运行状况与发展趋势

1. 主要经济体金融市场发展现状

国际金融市场方面，受美联储持续加息缩表、全球流动性收紧、贸易摩擦升温、地缘政治冲突频发等因素影响，2018年国际金融市场持续波动。在持续上涨10年之后，美国股市在2018年底出现大幅下挫，并带动全球股市大幅震荡，表明投资者对企业盈利见顶、经济可能进入下行周期的担忧。美国股市的波动造成了新兴经济体资本外流压力。一些金融体系脆弱、经常项目逆差较大、国内形势不稳定的新兴经济体相继出现货币大幅贬值和金融市场动荡。2019年以来，随着中美贸易摩擦状况缓解和全球货币政策转向宽松，全球股市出现较大幅度的反弹，新兴市场资本外流和货币贬值压力有所减轻。但在全球经济增速放缓、贸易摩擦仍有可能加剧、企业盈利水平下降的背景下，全球股市仍有可能再度震荡下挫。加之美国长短期国债收益率倒挂、美元指数走势不确定等，全球债市和汇市的波动恐将进一步加大。

国际商品市场方面，受全球经济增速放缓、美元汇率走强、欧佩克国家限产等因素影响，石油等大宗商品价格在2018年10月达到上行高点之后迅速大幅下挫，其中原油期货价格在年末跌至每桶50美元左右。今年以来，受供求关系变化、贸易摩擦风险释放、流动性宽松等因素影响，原油价格从低位逐步回升至每桶60美元以上；基本金属价格走势分化，铜、锌价格小幅回升，铝、铅价格走低；钢铁价格趋向上涨，多数农产品价格也稳中有升。在全球经济走势、货币政策动向，以及地缘政治等因素不确定性增加的情况下，2019 年国际商品市场价格的波动可能更加频繁。

2. 中国金融市场运行

当前中国金融领域存在一定程度的潜在风险，这主要体现在以下几个方面：第一，经济宏观上仍然存在高杠杆风险，部分国有企业杠杆率高、地方政府隐性债务问题、居民部门杠杆率较快上升；第二，部分领域和地区金融“三乱”问题仍然突出，包括影子银行问题、无金融牌照非法从事金融业务、部分非法金融活动借金融创新和互联网金融扩张等；第三，少数野蛮生长的金融控股集团存在风险，包括抽逃资本、循环注资、虚假注资以及通过不当关联交易利益输送等问题。

随着当前金融业务不断创新，业务交叉增多，国内现有监管法规滞后于业务和风险发展，上述金融风险值得我们予以提起充分警惕。金融发展滞后也是国内滋生资产泡沫风险的温床。从世界范围看，经济高成长过程中大都伴随着包括房地产在内的本地资产价格快速上涨。这种情况在中国可能尤为突出。由于中国的金融市场欠发达，可投资的资产过少，较多的流动性追逐有限的投资机会，造成了股市牛短熊长，房市越调越涨。本轮危机以来，在全球低利率、宽流动性的大环境下，中国的影子银行急剧膨胀，同业拆借、加杠杆、表外业务等市场乱象屡禁不止。在正规金融服务覆盖不全的情况下，前些年国内互联网金融野蛮生长，金融脱媒盛行，又滋生了新的金融风险隐患。

防范化解金融风险需要把维护金融安全作为治国理政的一件大事，要坚持底线思维、问题导向，强化安全能力建设，通过借鉴国际经验完善国内金融行业发展。同时，尽管目前国内金融体系当中存在上述风险，我们并不能因噎废食，就此停止进一步实施金融改革开放的脚步。现有金融业开放领域，如放宽金融业准入限制、稳步推进人民币国际化以及提升金融市场双向开放程度等均有利于提高我国金融市场化程度，提升金融机构效率。因此，金融业开放要与防范金融风险并重，金融开放程度要与金融监管能力相匹配。作为竞争性服务业，金融业对外开放应遵循准入前国民待遇和负面清单原则，并须与汇率形成机制改革和资本项目可兑换进程相互配合，共同推进。金融改革开放需要与国际经济金融发展形势变化和我国发展战略需要相匹配，在深化改革和开放进程中同时维护金融安全，不断提高金融业竞争能力、抗风险能力和可持续发展能力。

3. 全球经济金融市场面临的风险

2019 年，世界经济面临诸多不确定性，存在以下几个方面的风险：

第一，美国在全球范围内制造贸易摩擦给世界经济稳定增长造成的巨大风险。特朗普政府奉行“美国优先”，以所谓的“公平贸易”为幌子，推行单边主义和保护主义，置世贸组织的多边贸易规则于不顾，依据国内贸易法对钢、铝加征高额进口关税，对中国开展“301”调查并挑起大规模的贸易战，强迫重新谈判并签署美加墨贸易协定，威胁对欧盟汽车进口加征高额关税等，造成全球范围内的贸易紧张局势，不仅严重冲击多边贸易体制和国际贸易秩序，而且扰乱了全球产业链正常运转，动摇了投资者信心，引发金融市场动荡，给全球贸易、投资、生产活动和世界经济稳定增长带来巨大风险。

第二，美联储货币政策转向可能引发新的金融风险。2018 年，美联储加息缩表导致全球美元流动性收紧，部分新兴经济体资本大量外流和货币大幅贬值。2019 年随着美联储暂停加息缩表进程，全球货币政策转向宽松。这一转向虽有助于对冲经济下行压力和缓解新兴经济体的融资压力，但也将加大全球股市、汇市、债市和商品市场波动和走势不确定。特别是在货币政策尚未恢复常态的情况下再度转向宽松，也压缩了应对经济衰退的政策空间。一旦美国经济滑向周期性衰退并带动全球经济进一步减速，美联储等主要央行将不得不重启量宽政策，在全球债务和杠杆率高企的情况下，资产价格泡沫破灭风险将威胁世界经济稳定。

第三，地缘政治冲突频发和大国博弈加剧给世界经济带来诸多不稳定不确定影响。当前,世界面临百年未有之大变局,国际政治经济安全格局深刻调整,地缘政治冲突多点频发,大国关系分化重组,战略博弈加剧,风险因素和不确定加速积累,对全球经济、金融和大宗商品价格等的影响加大。特别值得关注的是,当前美国收紧对伊朗原油出口限制,可能导致中东地区再现乱局,石油价格可能再度大幅上涨。此外,如果英国无协议脱欧成为现实,欧洲乃至全球经济贸易运行也将受到严重冲击。再者,如果美俄交恶升级为全面对抗,全球和平发展环境将受到严重威胁,对世界经济贸易将产生难以预估的严重影响。

四、典当业经营环境分析

(一) 我国小额融资市场格局

小微企业融资难问题在我国以及在世界各国普遍存在,与我国小微企业对经济的贡献相比较,金融机构对小微企业的贷款支持力度明显不够。中国人民银行行长易纲曾指出,中国小微企业最终产品和服务价值占 GDP 的比例约 60%、纳税占国家税收总额的比例约 50%,而 2017 年末中国金融机构小微企业贷款余额占企业贷款余额的比例约 37.8%,小微企业的经济贡献与金融机构对小微企业的贷款支持力度有较大差距。以此为背景,2017 年至 2018 年中旬宏观流动性趋于短缺、影子银行等融资渠道被治理,加剧了小微企业融资的难题。基于此,2018、2019 年支持小微企业融资的政策频出,政策通过鼓励小微企业融资业务、结构性货币政策工具的使用、多层次融资体系的构建等方式鼓励小微企业融资,使得小微企业融资成为近两年融资市场焦点。

1. 我国民营银行的发展现状

在经济增速放缓的大背景下,作为顺周期行业的银行业面临不小挑战。传统银行组织结构在银行业的发展过程中越来越表现出自身存在的弊端,以及与经济发展、金融环境的不协调。而民营银行可以弥补国有商业银行的不足,将资源配置到具有良好成长性的企业中,从而提高资源配置效率。随着经济体制改革和银行体系改革的深入,民营经济实力逐渐壮大起来,民间资本进入银行业的需求也逐渐增强,民资进入银行业的壁垒被初步打破,我国股份制商业银行和城市商业银行的数量逐年增加。2018年12月19日至21日在北京举行的中央经济工作会议指出:2019年的重点工作任务包括,要以金融体系结构调整优化为重点深化金融体制改革,发展民营银行和社区银行,推动城商行、农商行、农信社业务逐步回归本源。2014年,我国颁发了首张民营银行牌照。目前金融监管部门已批准筹建了17家民营银行,其中多家民营银行属于互联网银行。

经过2014—2015年和2016年末两批集中批设,目前我国的民营银行共计17家,主要位于一线城市、直辖市和省会城市。大股东大多是实力雄厚的民营企业比如腾讯系的前海微众银行,阿里系的浙江网商银行,三一集团的湖南三湘银行,永辉超市的福建华通银行等。2017年,民营银行发展进入瓶颈期,市场开始回归理性,多家申筹的企业纷纷宣布退出,包括亚宝药业、朗玛信息等。进入2018年,民营企业股权质押危机频发后,许多企业家又重新将目光放到民营银行身上,这也引起监管层的重视。

目前,民营银行归属银监会城市银行部监管,日常监督管理工作主要由地方银监局执行,其设立是支持地方经济和地区小微企业发展的重要举措,监管机构在取舍民营银行时,区域需求也是重要的考量因素。按照监管的要求,民营银行要遵循“一行一店”原则,只能在总行所在的区域设置一个营业部。首批试点民营银行处于沿海三大经济区,在随后的两年内,获批的民营银行逐渐从东部沿海向中部、西南以及东北等地区扩散发展,主要位于一线城市、直辖市和省会城市。沿海地区目前已得到基本覆盖,发展趋势正向中西部倾斜,部分省份已有第二家获得批筹。

目前,监管层规定的“一行一店”原则让民营银行的物理网点非常少,缺乏获取线下存款的能力。多数民营银行依赖于同业存单这类创新业务弥补短板,但是监管同时规定同业的负债不能超过银行总负债三分之一,这无形中限制了民营银行的资产规模增长。截至 2018 年末，多数银行资产均有增长。据公开资料整理，目前网商银行资产规模最高，达 959 亿元，同比增长 22.68%；新网银行资产规模增速最快，同比增长达 121.61%。

就 2017 年公布财报的 12 家民营银行来看，民营银行的经营分化情况非常严重。微众银行和网商银行共实现营业收入 110.23 亿元，占全部民营银行收入的 80.09%，成为民营银行中的佼佼者。部分民营银行仍处于持续亏损状态，业务扩展上也处处受到制约，其中新网银行亏损 1.69 亿元。2018 年部分企业尚未公布全年财报，从已公布年报的企业来看，表现较为亮眼的是网商银行和中关村银行。微众银行和网商银行业务载体是微信和电商，有比较真实的客户需求。银行在其中匹配相应的金融服务，就能快速实现流量上的过渡。互联网的流量掌握在科技公司巨头手中，这为上述两家民营银行的发展奠定了很坚实的基础。相比微众银行和网商银行来说，其他民营银行可能就不具如此优越的条件。很多民营银行空白起家，存在的困难较多。

2. 近年来互联网金融的发展现状

目前，互联网银行通过与传统银行形成错位竞争，在业务发展上取得了较快发展。传统商业银行，特别是大型国有银行和全国性的股份制银行多年来一直在直销银行上投入较大，从业务范围来看直销银行与互联网银行在业务范围上具有趋同性，借助线下渠道优势，传统银行势必会通过直销银行给互联网银行增加新的经营压力。过去三年中，头部的互联网银行发展迅速，但随着客户群和资产质量的下沉，未来不良率将存在上升的问题。由于资金的短板，互联网银行对同业资金的依赖也制约了其未来的扩张速度，势必会通过增加注册资本的方式弥补资金上的短板。从资产规模、客户数量、利润等关键指标看，互联网银行的头部效应已经十分明显，头部机构有望继续凭借股东方的流量优势和数据优势延续当前发展势头。

2015 年，中国人民银行等十部门发布《关于促进互联网金融健康发展的指导意见》中明确了互联网金融七大细分生态种类。2019 年互联网金融生态基因编码将实现排序重构，呈现新的序列。这其中包括：第一，发力网络小贷。2017 年 11 月 21 日，互联网小贷批设暂停，经历一年多的整顿，网络小贷得到充分整顿。作为有场景、有技术、有风控、有资金的重要融资渠道，网络小贷很好地耦合了民营中小微企业“短、小、频、快”的融资需求。2019 年，网络小贷在规范管理的基础上可能成为传统金融机构之外支持民营经济发展的重要生力军。第二，强化支付渠道功能。2018 年，监管层发布多项规范制度，加快互联网支付行业集中度提升，支付机构必须大力发展围绕广大百姓用户“吃、穿、住、行、用”等消费场景的支付需求，提供小额、快捷、便民的小微支付服务。第三，有序释放网贷风险。当前网贷风险已经得到一定程度的释放，但是其风险仍旧没有得到彻底释放，2019 年网贷平台的风险将会有序、平缓式释放。市场对行业态势应重新理性认识，对网贷备案的通过率应适当“降预期”。P2P 网贷的发展宜实行待收余额与实收资本比例的杠杆控制，即借贷余额不能超过网贷平台实缴资本一定的比例范围，有步骤地控制网贷行业的超常增长。第四，发展金融科技产业。互联网金融仍属于技术手段运用于金融的初级阶段，而以大数据、人工智能等技术在金融中的运用才是时代的潮流与主流，互联网金融的外延将不断丰富。

互联网银行的股东主要为国内大型互联网巨头公司，可以通过背后的股东方的用户基础和导流优势来加快这些互联网银行的线上业务发展。头部的互联网银行在过去三年在贷款规模和利润等关键指标上增长迅速。但互联网银行的先天劣势也很明显，在业务资金上对同业资金依赖较大，负债端发展缓慢，这些因素在一定程度上制约了互联网银行的快速扩张。2013 年以来，国内经济增长速度放缓，一批传统行业风险暴露加快，导致商业银行的对公贷款不良率快速提升，给商业银行传统信贷业务带来了一定挑战。银行机构数量的快速增长导致机构之间竞争加剧，随着利率市场化推进，净息差显著收窄，进一步加剧了行业内机构之间的竞争。这一时期随着移动互联网的发展迅速，电商平台线上交易扩张迅猛。线上交易量的增加和消费观念的改变不但刺激了消费金融市场的快速增长,也给互联网金融巨头诞生提供了基础。2013年以来移动支付巨头推出的货币基金和借贷产品等创新产品也冲击着银行的传统业务。

目前,互联网银行均由国内互联网巨头参与股,主要基于互联网获客、数据、平台来开展消费金融业务和中小企业小额贷款业务。互联网银行借助技术手段实现业务创新,服务于线上用户。互联网银行收入主要来源为贷款业务的利息差,以及理财产品代销产生的手续费与佣金等,这一点与传统银行区别不大,只不过相对聚焦在支付、融资、理财等小额高频业务领域。互联网银行运用互联网、大数据等技术,在服务模式、客户群体、风控制度等领域进行创新,为没有享受到传统银行完善金融服务的消费者和小微企业提供服务。在服务模式上不设物理网点,主要采取互联网在线的方式展业,绝大多数业务均通过在线申请、云端审批并迅速完成签约。在风控制度上主要利用大数据、人工智能等技术手段和模型实现对个人的征信分析,绝大多数贷款产品无须抵押和担保。

互联网银行的信贷业务资金大部分主要来自注册资本和同业资金。目前,互联网银行贷款业务上大多数作为发起行,与传统银行合作开展联合放贷模式进行,即互联网银行负责精准获客、风险管理、运营服务,基于共同的贷款条件和统一的借款合同,按约定比例出资,联合向符合条件的借款人发放的贷款。互联网银行都有互联网公司的股东背景,在获客导流上和数据服务可以为互联网银行提供巨大支持。以头部两家互联网银行为例,股东方的用户数均超过5亿人,所以可以带来丰富的用户数据和获客。股东方在互联网行业多年的数据沉淀积累,可以为互联网银行提供社交数据、交易数据、行为数据等,利用这些数据可以用于风控模型,构建用户画像,进行目标客户的筛选,使得互联网银行在开展长尾客户的信贷业务时,能够较有效防范欺诈和多头借贷风险。

作为新兴事物,互联网银行在与传统银行进行竞争时,还存在一定的不足之处。首先,按照监管规定,互联网银行通过非现场渠道仅能开设

Ⅱ类账户，账户功能受限，使得互联网银行吸储功能受到制约。根据央行规定，银行账户分为Ⅰ、Ⅱ、Ⅲ类账户。Ⅱ类账户较Ⅰ类账户少了支取现金和转账功能，Ⅲ类账户仅能办理小额消费及缴费支付。其次，在负债结构上看，由于缺少线下网点，线上远程开户受限。尽管互联网银行通过各种优惠措施，但吸收存款依然存在诸多困难。现阶段互联网银行负债端多数依赖于股东资金以及同业负债，客户存款占比较低，资金渠道单一。以头部互联网银行为例，同业资金占比均在50%以上，客户存款增长缓慢。

互联网金融因其成本低、效率高、覆盖广、发展快的特点，在服务普惠金融，降低中小微企业融资成本，引导民间资本流向实体，提升资金配置效率和金融服务体验，推动金融产品的创新，满足客户多样化的金融需求等诸多方面发挥了有效的补充和辅助作用。在发展初期，由于准入门槛低，大量的不法分子涌入互联网金融行业，扰乱了互联网金融市场，严重破坏了互联网金融生态。2016 年 4 月国家开展互联网金融风险专项整治工作以来，互联网金融风险得到有效化解，互联网金融生态得到了一定程度治理。但互联网金融行业的存量风险尚未完全释放结束，风险源与风险点不断以变异形式持续出现，互联网金融诈骗、暴力催收以及互联网金融传销更是治理对象中的难点所在，全民办金融的伪文化仍然深度影响着众多投资人和互联网金融从业者，互联网金融生态得到完全修复尚需时日。

2018 年 12 月 13 日，中共中央政治局召开会议对 2019 年的经济工作进行研究，确定了 2019 年我国经济工作主要方向，包括稳金融、继续打赢三大攻坚战、激发微观主体活力等战略目标。2019 年，监管层继续加强对互联网金融的管理与风险防范，充分利用互联网金融手段服务实体经济。针对中央提出的 2019 年经济工作目标，对 2019 年互联网金融生态发展趋势作出科学的研判，重点解决互联网金融存在的问题，促进互联网金融健康发展，建立互联网金融新秩序。

（二）典当行业面临的主要问题

1.《典当管理办法》修改迫在眉睫

目前典当行业主管职能部门转隶工作已完成，各项监管工作也正在有条不紊地开展当中。《典当管理办法》修改工作再次提上议事日程，各方对这一修改工作的要求十分迫切，原因主要出于以下三个：

第一，现行《典当管理办法》已成为行业发展的瓶颈，已不适应现有行业的发展情况。目前实施的《典当管理办法》与现有融资市场相脱节，如果不对之进行适当修改将影响到典当行业可持续发展乃至生存。近年来，新设典当企业急剧减少，停业、退出的企业数增多。不少典当企业因缺乏融资渠道，无法扩大经营规模。加之行业息费率逐年走低，企业经济效益低下，如果不能实现适当的规模扩张，典当企业将难以生存。现行《典当管理办法》已不能适应当前的经济环境，阻碍了社会优质资本的进入，也将间接影响到许多依靠典当融资模式为生的中小微企业的生路。

第二，目前，国家层面已提出了“放管服”改革要求，主管部门应当在这三个字上寻找到平衡点。修改现行《办法》时，需要将“管”字独大转变为适度管理，面对问题要有疏导机制，这样才能促进行业的发展壮大。

第三，在国家层面，典当业已划归银保监会监管，各地方也陆续成立了地方金融管理局加以具体监管对接。为适应新的监管要求和模式，势必需要有一个新的管理办法。

2. 典当企业面临生存问题

典当企业主要服务对象是中小微企业，而典当企业自身也是中小微企业。中小微企业存在的制度限制、融资困难、市场不规范、管理水平不高等问题在典当企业中也同样存在。由于宏观经济下行压力依然，加上国家层面优惠扶持政策不足，以及管理办法已不适应当前的市场环境，典当企业要在这样的环境中实现生存发展十分不易。

3. 绝当处置能力不足

近年来，典当企业的业务逾期率有所上升，但绝当处置能力却不足。

除贵金属类外，其他当物平均处置速度只有绝当数的10%左右。许多企业被多个诉讼案件困扰，尤其诉讼执行难问题一直未得到解决，大量流动资金被占用。

（三）当前典当行业面临的挑战与机遇

当前我国中小企业发展迅速，融资需求很大，但资金充足的银行经常由于信息不对称将中小企业拒之门外。市场与需求难以有效对接，导致中小企业难以持续健康发展，而典当业"方便、灵活、快捷"的融资业务十分适合中小企业的融资需求，可以在短时间内为急需资金的中小企业快速地提供融资服务。典当业融资的业务手续简便、快捷，只要当物来源合法，有一定的评估价值，就可以进行典当融资，减少不必要的利息支出，从而降低中小企业融资成本。

1. 典当业发展面临的瓶颈约束

目前典当行业主要受到以下瓶颈约束的限制：第一，自身融资渠道单一。根据《典当管理办法》第二十八条规定，典当行不得从商业银行以外的单位和个人借款。另外，唯一一家新三板上市的典当行鼎润投资，也出于监管政策原因于2017年8月停牌，新三板融资业务暂停。基于以上原因，大部分典当行依然依靠自有资金运营。也因为负债端的限制，典当行业整体业务容量难以增长，全国累计发放当金规模近年保持在3 500亿元以下，并在2014年后逐年下滑。目前，典当行很难从其他金融机构获得融资，绝大多数的典当行都只能依靠股东原始的资金来运营，很大程度上限制了典当行业的发展。

第二，专业人才缺乏。在典当行业中，急需大量的职业经理人和专业的鉴定人才，职业经理人的管理水平的高低决定着典当行业发展的成败。对玉石、古董、书画等当品的评估鉴定，专业鉴定人才是确保典当行业做大、做强的关键。目前，典当行业专业人才的匮乏，已经成为制约典当行业发展的最大瓶颈。

第三，业务同质化导致恶性竞争。虽然《典当管理办法》规定的典当经营范围较为广泛，但实践中大部分典当行实际经营业务范围狭窄。为追求高额利润，大部分典当行都将业务集中在房产、股票和机动车典当上，珠宝首饰、古玩字画、手表等传统业务萎缩严重。趋同化的经营策略导致本就不大的市场产生恶性竞争。

第四，公众对典当行业存在偏见。社会对典当行业的误解依然存在，这一方面由于历史的原因，再一方面由于影视剧渲染的气氛，给这个行业加深了误解。

第五，监管困难。对监管而言，庞大的被监管对象数量将考验其能力。截至2016年末，全国融资租赁、商业保理、典当公司数量分别为6 158家、5 584家、8 280家，总计超过2万家，总资产不及2.5万亿元。地方金融办即使每天跑一家，也管不过来。地方金融办监管能力不足，监管范围扩大，对于典当企业监管将是一个巨大的考验。

2. 典当业未来发展空间

尽管存在上述约束条件，但是考虑到典当行业自身特点与我国经济发展的需要，典当业在我国仍然存在巨大的发展空间。首先，典当质押贷款自主性高。多数的银行贷款对贷款者的资金用途是有专门使用规定的，否则银行有权收回贷款并进行制裁，这不仅提高了贷款门槛，也在很大程度上限制了资金效益的最大化。典当行对当户融通资金的用途没有限制性规定，企业可以根据自身情况决定资金用途，实现效益最大化。

其次，典当业抵、质押范围广泛。近年来为了防范风险的需要，银行一般不接受价值较小的抵押品、不开展动产质押业务，往往要求中小企业提供足额的抵押，使中小企业从商业银行获得融资难上加难。典当行的抵、质押范围广泛，中小企业可以将动产、闲置设备、积压产品、多余存货等用来典当，不仅可以最大限度地保障中小企业融资，还可以使企业资源得到最充分的利用。

再次，典当手续简便。客户到典当行借贷，不存在繁琐的申请程序，一切取决于当户所持有的典当物品的真赝、优劣、市场价格、变现渠道；手续十分简便,当物入库、当场付款。而“互联网+”则进一步强化了典当业的便利性,典当从业者顺势而为,利用互联网优势,充分发挥金融功能,试水网上典当。典当行业是从事金融服务的业态,有着悠久的历史,又打上了深深的时代烙印。如何适应新的发展,在迎接“互联网+”的时代有所作为,与时俱进。具体操作模式可以设计为:直接与平台对接,实现网上典当;通过债权流转的方式盘活典当行的运营资金,并有规划在线上开设典当绝当品的“淘宝”平台,为典当行提供线上销售渠道。

3. 典当业发展的突破方向

在现阶段,典当业应针对现有问题,抓住历史发展机遇,从以下方面做出突破:首先,差异化经营,降低竞争。在目前高度同质化的市场竞争中,推进差异化经营战略,选择经营竞争相对较少的产品和服务不仅会缓解行业内的竞争状况,调整行业产品结构,最重要的是可以减少来自同质产品典当行的竞争压力,形成独有的竞争优势,从而促进典当行业的健康发展。

其次,多元化经营,分散风险。目前多数的典当行产品集中在房地产、交通工具、股票、黄金等领域,主要的客户资源集中在某一个领域的几个客户,无形中增加了典当行面临的风险。在国家坚持房地产调控政策不松动,股票黄金价格易波动,交通工具价值易损耗的情况下,进行多元化经营,将客户分散在不同的行业领域,有助于典当行降低所要面临的风险。

再次,健全风险防控机制。典当行业的健康发展,专业人才是关键,应大力引进经验丰富的管理型人才、技术精湛的专业鉴定人才和熟悉市场的金融人才,以有效应对管理能力不足、专业能力不足、市场波动和流动性风险。

第四,开展艺术品典当业务。艺术品跟金融合作在国外已经成功发展了很多年,在国内才刚刚开始,在国内市场拥有很大的发展空间。艺术品典当一般可以拿到当品市场价值60%—70%的当金,尽管比市场价格少,但可以赎回,这就不同于拍卖,一件东西可以“失而复得”,并且还能够拿到应急资金,而代价仅仅是每月 4.7%的佣金。因此,开展艺术品的典当业务既是市场的需要又是自身发展的必然趋势。最后抓住文化产业发展新机遇。

目前,文化产业是一个朝阳产业,也是环保产业,同时又是一个亟须投资的产业。国家"十二五"规划强调"加快发展文化产业、推动文化产业成为国民经济支柱性产业"。文化产业中有很多民营企业融资需求最为迫切。据统计,面对文化企业的融资市场,典当的市场份额可以达到 90%,因此,文化产业的蓬勃发展为典当行业带来了巨大机遇。

五、新监管体制下上海典当业的转型发展

(一)典当业应发挥为中小微企业提供金融服务的职能

1. 2019 年金融服务助力实体经济发展的导向进一步强化

改革开放以来,特别是党的十八大以来,我国金融改革发展取得了新的重大成就,金融服务实体经济的能力稳步提升。但我们同时也应清醒地认识到,近年来金融业在发展过程中面临一些问题,比如资源配置不当,资金"脱实向虚",潜在风险隐患增多等。与之相对应,实体经济则在发展中遭遇了企业融资难、融资成本高等问题。金融要按照供给侧结构性改革的要求,助力经济转方式调结构,以解决融资难融资贵为抓手,不断降低实体经济融资的门槛与成本。

金融服务实体经济,就是要通过现有金融体系、机构和工具引导社会上庞大、分散和无序的资本有序流向实体产业和企业。因此,金融业要充分发挥促进资源优化配置的功能,引导资源从低效率的实体部门转入高效率的实体部门,更好地服务实体经济高质量发展。当前,我国经济发展进入新常态,上规模、拼数量的外延式扩张路径已走到尽头,助力经济转方式、调结构、换动力,金融业对实体经济"输血"的功能需要进一步提升,既要有效避免资金在金融系统内空转,也要更好地支持实体经济走创新引领

发展的道路，强化技术改造和工艺创新，以提升供给质量，增强发展后劲。

在我国现有的金融体系中，社会融资以商业银行信贷为主。商业银行的信贷资金投向和信贷结构是否合理，在很大程度上决定着金融服务实体经济的效率。提升金融服务实体经济的质效，多家商业银行正在坚持有保有压、有扶有控的信贷原则，通过信贷流向引导金融资源的合理配置。具体来看，普惠领域小微企业、高技术制造业等贷款增长加快，制造业贷款增长乏力的局面逐步改善，特别是高端制造业受到商业银行的青睐。继续服务供给侧结构性改革，商业银行应立足于振兴实体经济，通过盘活沉淀在“僵尸企业”和低效领域的信贷资源，将其投向符合国家和地区重大发展战略、更有发展潜力的实体经济领域，从而矫正要素资源的错配，促进经济结构调整和产业优化升级。

2. 金融应如何支持实体经济的发展？

金融是经济的命脉，实体经济发展离不开金融的支持。但是，实体经济的发展困境不能简单归因于金融支持不力。实体经济发展的好与坏，归根结底还在于实体经济自身是否健康，金融仅是外部原因之一。总体上，我国注入实体经济的资金并不少。2018 年，社会融资规模增量累计为 19.26 万亿元，比上年少 3.14 万亿元。其中，对实体经济发放的人民币贷款增加 15.67 万亿元，同比多增 1.83 万亿元。无论从整个市场的流动性还是银行信贷供给看，市场并不缺钱。但是，充裕的货币资金并没有激发实体经济对商品和服务的有效需求，也没有被用于真实的财富创造，从而导致了物价指数并没有走高而经济不断下行。从这个意义上看，实体经济“虚不受补”或是问题的症结所在。

当前，实体经济发展面临的困难来自多个方面。既有历史问题的积淀，如以往过度扩张、盲目投资造成的摊子过大、难以为继的问题，也有新常态下经济转型升级对落后、过剩产能的挤出效应；既有外部市场需求萎缩，导致订单减少，开工不足的问题，也有原材料成本、劳动力成本上升带来的成本压力；既有产业层次低端所导致的定价话语权弱、盈利空间被压缩,也有汇率波动等因素形成的财务风险。在资金面上,总体表现为有效信贷需求不足,企业投资意愿较低。所以,从根本上看实体经济并不缺资金,而是缺少足够的盈利机会。针对实体经济面临的困境,不应简单地从金融领域找原因,更不应将金融视为实体经济乏力的“替罪羊”。

此外,我们还需要认识到提供资金融通并非金融服务的全部内涵,实体经济要维持持续运转,除了资金周转需求外,还需要有便利的交易方式支撑,需要有适宜的途径了解市场需求信息、资金成本信号,还需要掌握面对复杂市场变化的风险管理手段以及内部管理手段。这一切都需要金融的支持,因而在此基础上形成了金融的融资中介、支付清算、信息咨询、风险管理这四大基本功能。

金融为实体经济而生,金融的功能也是围绕实体经济的持续运转而不断衍生,金融演进的过程就是不断改进和提升服务实体经济能力的过程。随着金融市场的深化,金融服务的功能也在不断拓展,服务的重心也在悄悄发生变化。在融资中介方面,金融服务的功能逐渐由微观的闲置资金调剂、资金借贷中介提升为宏观上对社会资源的优化配置功能。在支付清算方面,从满足实体经济交易顺畅便捷的基本需求向财务管理、资产管理方面提升,即通过适当的结算工具、理财产品设计为实体企业节约财务支出、增加收益;而服务的领域也逐渐由国内向国际拓展,人民币国际化、人民币跨境结算等成为新的业务增长点。在信息咨询方面,除了传统的资金价格信号功能、市场需求信息揭示等,金融还可以为企业间的并购重组、企业“走出去”战略等提供信息服务。在风险管理方面,金融可以为实体企业提供各种避险工具,帮助企业实现风险分散和风险转移。可见,金融对实体经济的支持是多维度的,不应将眼观局限于资金。如果片面地强调金融提供资金的功能,而忽视其他功能,很容易将金融服务实体经济简单化为无条件满足企业的资金需求。如果依旧将金融服务的视野局限于资金支持,则既不利于客观全面地评价金融服务的效率,也不利于金融本身的创新发展。

再者,在实体经济融资问题上,应该突破间接、直接融资的“二元”惯性思维,更多地关注企业内源性融资能力问题。这可能是解决当前实体企业“担保链”困局的根本途径。除了间接融资、直接融资等之外,实体经济的融资渠道还有一个更为关键的途径,即内源性融资。我们在谈到拓宽企业融资渠道的时候,往往更多地强调要从间接融资拓宽到直接融资,却忽视了企业自身的积累。这种融资理念导致的一个后果是,我国实体企业的杠杆率过高,过度融资、过度对外担保几为中国企业之常态。由于企业的负债率过高,偿债压力大,导致企业资金链特别脆弱。这或许也是近年来困扰整个实体经济和金融市场的“资金链”和“担保链”问题的原发因素之一。还有一个问题,就是资金错配问题,实际上也与企业内源性融资能力弱密切相关。企业自身积累少,生产周转所需要的铺地资金往往也是通过银行贷款来满足,于是就有了短贷长用、期限错配之困扰,就有了这几年屡受诟病的银行转贷难问题。

3. 典当业服务实体经济的必要性和途径

2018 年 4 月,商务部将制定融资租赁公司、商业保理公司、典当行业务经营和监管规则职责划给中国银行保险监督管理委员会,典当行就此正式成为持牌的金融机构。在典当业正式归口金融业一年来,作为主流金融的补充,典当业应以实际行动来缓解中小微企业的融资贵难题。为了更好地服务实体经济,典当行业要立足主业,深入挖掘行业优势,努力拓宽典当抵押品种范围,积极开发适用小微企业和个体工商户融资的典当产品,进一步发挥典当行业对企业融资的补充作用。监管部门和典当协会应加强对小额贷款公司、典当行等机构的规范管理,引导其合理控制贷款利率和服务费用,降低小微企业融资成本。应注重增强小额贷款公司和典当行的服务能力。小额贷款公司要立足县域基层,按照“小额、分散”原则,充分发挥手续简便、操作灵活、贴近企业的优势,为小微企业、农户、个体工商户提供便捷的融资服务。

典当行最大的特点是“救急”,这也是其和银行等主流金融机构的最大不同。实际上，在被划口银保监会之前，典当行自身的行业定位有些尴尬。而在典当行被划口到银保监会之后，其金融属性再次被强化。监管部门认可典当行是主流金融机构的补充地位，且也肯定了典当行为中小微企业和实体经济提供救急解难资金的作用。典当最大的属性就是救急解难，速度快且审批手续简单，恰恰可以解决主流金融机构解决不了的问题。未来典当企业应继续发力普惠金融业务，以客户为中心，围绕客户和市场开发更多产品，在丰富产品品类的同时也进一步降低成本和控制风险。

此外，典当业务的属性决定了其风险相比银行业金融机构要高一些，典当企业应在控制风险的基础上实现业务的稳健发展。在归口银保监会之后，金融监管部门会更为关注钱从哪来、钱去哪了、运营体系怎样、法人治理结构是否清晰、从业人员是否有资格等问题，这也督促典当企业要进一步合规经营和进行风控。典当协会应积极配合主管部门进行行业年审及风险排查整治，通过抽调各会员单位骨干，配合、协助监管部门进行资料审核、现场检查、大数据统计和信息披露，督促各会员单位提高风险防范意识。行业经营严格规范。规范经营是行业持续健康发展的生命线，是需要行业上下共同遵守的高压线。未来典当协会应继续加强防范非法集资宣传和培训，维护金融稳定，坚决做到风险零容忍。

为了促进典当业的发展更好地服务于实体经济，在当前典当业监管部门变更之际，相关政策应及时接力，不能因机构改革导致政策断档影响到行业发展。典当行业应继续加强防控预警和打击力度，通过案例开展宣传教育并组织一些针对性培训提高企业防风险技能，确保安全经营。对于处在机构改革和监管部门变更的关口，应当特别关注典当行业的融资规模及功能能否恢复、典当业的融资渠道和征信入口能否重新打开等问题。

（二）典当行应纳入支持创新创业的普惠金融发展体系

1. 我国普惠金融发展现状与特征

普惠金融是指立足机会平等要求和商业可持续原则，以可负担的成本为有金融服务需求的社会各阶层和群体提供适当、有效的金融服务。当前我国普惠金融重点服务对象包括小微企业、农民、城镇低收入人群、贫困人群和残疾人、老年人等特殊群体。普惠金融的主要目标是提升金融服务的覆盖率、可得性和满意度。2018 年,我国普惠金融领域贷款增速加快,全年增加 1.62 万亿元。根据央行发布的金融机构贷款投向统计报告,2018 年末,人民币普惠金融领域贷款余额 13.39 万亿元,同比增长 13.8%,增速比上年末高 5.3 个百分点;全年增加 1.6 万亿元,同比多增 6 958 亿元。截至 2018 年末,银行业各项贷款余额 140.6 万亿元,增速达到 12.6%。同时,2018 年银行业普惠金融发展取得新成效,消费者权益保护工作开拓了新局面。截至 2018 年末,全国银行业金融机构乡镇机构覆盖率达 96%;全国行政村基础金融服务覆盖率达 97%。2018 年,全国小微企业贷款余额达 33.49 万亿元,同比增速 8.9%;扶贫小额信贷余额达 2 488.9 亿元,扶贫开发项目贷款余额为 4 429.13 亿元。

普惠金融服务的另一个发展特点在于其向基层、县域、乡村和社区不断延伸,乡镇一级银行物理网点和保险服务覆盖面逐步扩大。截至 2017 年末,我国银行业金融机构共有营业性网点 22.76 万个,较 2013 年末增长 8.5%,银行业网点乡镇覆盖率达到 95.99%, 25 个省、区、市、计划单列市实现“乡乡有机构”。截至 2017 年末,农业保险乡村服务网点达到 36.4 万个,网点乡镇覆盖率达到 95%,村级覆盖率超过 50%。截至 2018 年 12 月底,中国银行业金融机构数达到 4 588 家,较 2017 年末增加 39 家。登记在册的全国银行物理网点约为 22.85 万个。

此外,普惠金融针对城市社区和行政村基础金融服务的覆盖面不断扩大。截至 2017 年末,全国共有 ATM 机 96.06 万台,POS 机 3 118.86 万台,分别较 2013 年末增长 84.7%、193.3%。全国基础金融服务已覆盖 53.13 万个行政村,行政村基础金融服务覆盖率为 96.44%,较 2013 年末上升 13.6 个百分点。15 个省、区、市、计划单列市实现“村村有服务”。截至 2017 年末,城乡居民大病保险已覆盖 10.6 亿城乡居民,较 2013 年末增长 194.4%。

在农村普惠金融方面,截至 2018 年末,我国银行业金融机构涉农贷款余额达 32.68 万亿元,同比增长 5.58%。2017 年农业保险参保农户数量 2.13 亿户次,承保农作物 21 亿亩,占农作物播种面积的 84.1%,较 2013 年上升 39.7 个百分点;提供风险保障 2.8 万亿元,较 2013 年增长 100%。

中国的普惠金融创新正呈现四个新特征:第一,产品和服务日益丰富。普惠金融不仅包括信贷,还包括储蓄、投资理财、保险、支付、汇兑、租赁、养老金等全功能、多层次的金融服务,甚至可能会增加管理咨询、财务顾问等其他服务内容;第二,参与主体更加多元化。普惠金融的参与主体已逐步发展为囊括商业银行、政策性金融、非银行金融以及金融科技企业等在内的多层次、多元化普惠金融机构体系;第三,数字普惠金融发展迅速,并有可能成为未来发展的主流;第四,普惠金融商业模式不断创新,可持续得到极大改善。一些新的普惠金融模式开始形成,普惠金融开始成为许多机构竞相进入的蓝海。

普惠金融业务的发展形成了许多创新性业态,尤其是随着互联网金融的发展,我国金融体系基于互联网的金融产品和服务不断推出。然而,与此不相匹配的是,我国政策层面对于新兴普惠金融业态的监督和管理制度却没有紧随普惠金融业务的发展而退出。因此,要实现我国普惠金融的健康良性发展,首先需要建立普惠金融制度体系,包括地方层面和国家层面的监督管理体系。其次,信用体系长久以来一直是我国金融体系的一大顽疾,当前还没有建立成覆盖全国的、公开的征信体系。由于普惠金融在很大程度上有赖于对客户信用的全面把握,因此普惠金融的建设需要加强信用体系建设,包括金融监管部门对金融机构的信息资源支持、金融监管部门与信息部门的合作及金融机构与信息企业的跨行业合作等。再次,应通过政策引导,确立明确的准入要求、行业标准和监管规则,培育公平竞争的市场环境,鼓励各类金融机构依法平等获取生产要素、公平参与市场竞争,以全球化的视野大胆探索创新,从不同层面及时有效地满足各式各样的需求。第四,发展普惠金融要充分发挥行业协会的作用,包括行业协会为企业提供咨询、服务、监督、管理等作用,充分发挥行业自律;为政府提供行业政策制定建议的作用，从而帮助制定出更加适时、适应性的政策；做好企业与政府之间沟通、协调的桥梁等。

2. 上海普惠金融业务发展情况

近日，上海银保监局发布了《2018 年上海市普惠金融发展报告》，该报告回顾了 2018 年上海地区推动普惠金融业务的总体情况，涵盖了银行业、证券业、保险业、融资担保公司、小贷公司、融资租赁公司以及其他新型金融机构的普惠金融业务，从金融全业态的角度反映区域普惠金融发展状况。

截至 2018 年末，上海银行业金融机构营业网点数量 3 812 个，其中乡镇营业网点 1 185 个，平均每 804 人拥有一台 ATM 自助设备，每 26 人拥有一台 POS 机，自助设备的布放密度走在全国前列。金融服务覆盖至全辖 110 个乡镇及 1 702 个行政村，已全面实现机构空白乡镇数零、基础金融服务上海辖内全覆盖。截至 2018 年末，上海银行业金融机构小微企业贷款余额 12 739.09 亿元，其中单户授信 1 000 万以下小微贷款余额 3 063.85 亿元，同比增长 60.46%，辖内有贷款余额的小微企业约 60.81 万户，同比增加 26.62 万户，贷款“投小投微”效果显著。上海保险业金融机构开展“银发无忧”老年人综合意外保障项目，累计承保约 390.4 万人次，支付赔款 2 914.6 万元。同时，为残障人士提供劳动和生活保障，涵盖意外、重疾等专属责任，累计承保 31.5 人次，理赔金额 3 748.5 万元。保证保险累计为 1 893 家科技型中小微企业 68.32 亿元银行贷款提供融资增信服务，涉及制造业、电子信息行业、电力燃气能源供应、环保行业等多个领域。农业保险保障金额达 230 亿元，保费收入达到 6.58 亿元，财政补贴险种达到 22 项，农业保险覆盖率在全国省级行政区位列首位。上海证券业金融机构共保荐了 21 家企业 IPO 上市，主承销 IPO、配股、增发合计 83 家，金额 1 167 亿元。

除了实现金融基础服务实现地域全覆盖以外，上海普惠金融组织体系进一步多元化。传统和新型、大型和小型、线上和线下金融组织机构共同发展的格局逐步形成，不同金融机构之间的协同效应得到充分发挥，实现综合化、一体化服务。各类机构共同参与打造“普惠金融服务命运共同体”，服务实体经济、支持小微经济、助力多点消费需求。此外，上海市普惠金融服务的社会满意度也显著提升。上海银行业金融机构针对小微企业贷款服务开辟绿色通道，推出小微金融服务办理时限承诺。据统计，在沪中资银行授信回复时限在 1—3 天的银行占比达 42%，时限在 3—7 天的银行占比为 45%。据上海市中小企业办调查统计，截至 2018 年末，上海市小微企业对银行产品和服务的满意度达到 75%，保持较好水平。

为了持续推进普惠金融基础设施建设，上海金融业积极运用手机银行、网上银行、移动终端等新渠道创新普惠金融产品和服务，提高信贷服务便利度，并利用互联网技术推进全方位创新，实现传统金融业务与服务转型升级。上海市政府相关部门还加大了对普惠金融的政策支持力度，完善各项中小企业贷款财政贴息、风险补偿和考核激励机制，引导金融资源优先和集中投向最需要融资支持的小微、民营、“三农”等薄弱领域，提升金融信贷服务水平，优化营商环境。同时，加强信贷、产业、财税、投资政策的协调配合，综合运用财政贴息、税收优惠、差别税率、先税后补等财税政策工具，提高金融资源配置效率。同时，上海金融管理部门继续协调完善普惠金融各项扶持政策，通过完善定向降准政策、发挥再贷款工具的引导效应、构建普惠金融监管工具箱、完善评价体系等手段，促进金融资源向普惠金融领域倾斜。在上海普惠金融发展进程中，金融知识普及和金融消费者权益保护不断得到重视。上海金融管理部门在加大金融知识普及教育力度、培育公众金融风险意识、保护金融消费者权益、查处侵害消费者权益的违法违规行为、强化普惠金融宣传等方面取得一定成效。

六、未来典当业发展的战略机遇

受到政策调整的影响，典当业在近年来遭遇了发展的低谷。但是，实体经济，尤其是中小企业的发展在客观上需要包括典当业在内的多渠道、多层次的融资体系予以支持。《2019年国务院政府工作报告》已给我们明确信号,加大对小微企业的贷款力度,这也昭示着扶持小微企业,是国家既定方针不会改变,作为金融行业的一员,社会贷款融资体系组成之一,典当行业还是要坚持不懈服务中小微企业,尤其是服务有实体经济背景或前景较好的创新型的小微企业。因此,典当业的发展一方面需要结合区域特色和产业发展,另一方面也应注重微观个体的差异化发展,进行销售渠道、融资模式、抵质押物及产品和服务的创新。具体而言,现阶段典当业可以从以下几个方面来抓住发展的战略机遇。

(一)通过资产证券化扩展融资渠道

近年得益于国家的政策推动和企业的大胆创新,资产证券化(ABS)市场规模迅速增长。典当行拥有大量小额贷款,部分优质贷款资产可产生良好的预期现金流,这也意味着典当行拥有利用这些资产进行ABS业务从而获得外部融资的基础。

具体来说,典当行可借鉴重庆金融资产交易所于2011年推出的小额贷款资产收益权转让交易模式,通过发行小额贷款资产收益权凭证获得融资。根据重庆金交所的模式,典当行可将部分优质资产打包形成资产池,在公开融资平台发布资产池以及抵、质押品的相关信息,将资产切割为若干份卖给市场投资者。典当行可在平台上进行询价招标,而投资人可对资产、押品、典当行主体等进行信用评估和财务测算,给出融资利率报价。此后,典当行根据平台上不同投资人给出的报价及投资规模等做出选择,确定最终投资人和双方都能接受的利率水平。抵、质押贷款作为资产池,其赎回本息将带来预期现金流成为典当行的还款来源。此外,典当公司还可将日常经营收入、绝当品销售变现等资金作为补充还款来源,并加入典当行股东等作为担保人进行增信。

不过该种模式在当前实践中仍面临较大的挑战。我国典当行数量众多,规模普遍较小,主体信用偏低,在资本市场中认可度不足,给发行典当小贷ABS造成了不小的阻碍。

（二）扩展可作为抵、质押物的范围及延伸服务

目前我国典当业押品主要集中于房产和民品，在满足客户的多样性需求方面还有提升空间。一些地区已开始了拓展抵、质押物范围的创新尝试，如福建省某典当行针对当地有许多中小企业的土地是租赁的，没有土地使用权证，机器设备发票不全，无法办理抵押登记和向银行申请抵押贷款，便因地制宜性地开发了矿山开采权、特种行业许可证等权利质押业务，为企业解决了临时性资金需求。随着国家对知识产权保护力度的逐渐加大，再加之典当行固有的为中小、民营企业服务的特性，未来典当行质押品在知识产权、产品专利权方面将有所突破。

此外，典当行所提供的服务范围不应拘泥于传统抵、质押贷款业务，除绝当品销售、寄卖服务等较为常见的延伸服务外，典当行还可大胆尝试更多相关业务。例如，上海东方典当以"专业融资、特色理财"为服务定位，开发了"九大融资宝"业务，包括小企业融资宝、旅游融资宝、竞拍融资宝、留学融资宝、金银币融资宝、置业融资宝、健康安泰融资宝、创业融资宝和艺术人生融资宝等。这一业务针对不同市场需求，与相关机构紧密合作，有效填补了当前融资市场的空白。以旅游融资宝为例，目前各大旅行社推出的出境游项目受到市场热捧，出境游普遍需要游客提前支付相当数额的旅游保证金，而筹措大额保证金也成为了部分游客的燃眉之急。针对这部分需求，上海东方典当与各大旅行社建立合作关系，为计划出境的游客代付短期旅游保证金，同时赚取一定的服务费用。

上海东方典当还开发了短期借款产品"东典融资一卡通"，能够随时、随地、随客提供资金。申请人提供权属清晰、价值稳定的动产、不动产或财产权利作为担保，可获得最高借款额500万元的东典融资一卡通。该卡借款50万元以内当天即可取款，50万元以上次日取款，计费方式为按天计息，借款可延长期限，可以部分还款还可追加借款资金，极大提高了典当融资的便利性。除融资服务外，典当行还可深入挖掘奢侈品鉴赏与保养类服务，开展收费鉴定、上门看货、珠宝箱包清洗等服务。

（三）通过与第三方合作拓展业务

典当企业可以从两个角度来考虑与第三方机构合作：一是拓展典当业自身业务，二是突破典当业发展瓶颈。典当行在拓展业务时，可以考虑与银行、拍卖机构合作，通过与高校等教育机构合作解决专业人才不足的问题，与媒体、社区合作来解决市场认知的问题。具体而言，在促进上述合作发展时可以采取以下手段。

首先，在与银行进行合作时，典当行应充分考虑与银行之间的天然竞争与合作关系：一方面，二者均为从事资金借贷业务的金融服务机构，存在着一定程度的竞争；另一方面，二者的市场定位和客户群体有所差异，双方若建立合作机制可实现资源与优势的互补。典当行与银行可在客户推介、过桥贷款、风险管理等领域尝试合作。对于典当行掌握的部分经营状况良好的小微企业或资金实力较强的个人，典当行可将其推荐至银行处借款。相反，银行也可将手中具有短期借款需求或存在短期贷款手续不齐备问题的客户推荐给典当机构。此外，典当行可为部分客户提供过桥贷款，同时帮助客户向银行提交贷款申请材料，在银行尚未拨款之际满足客户的当前需求。

在风险管理方面，典当行与银行合作能帮助对方解决部分信息不对称问题。相较于银行，尤其是跨地域经营银行，典当行可能拥有更多与当地小微企业打交道的经验，可作为银行与小企业间的桥梁，为优质小微企业提供信贷担保。另一方面，受此前典当行并未划归为金融机构影响，典当行没有中国人民银行征信系统接口，且受制于自身人力物力的限制，典当行在信用信息系统建设方面难以与大中型银行抗衡。因此，部分银行可为典当行提供风险筛查信息服务，例如工商银行自主研发的融安 e 信系统，帮助典当行提高风险识别能力。

与拍卖机构的合作。根据《典当管理办法》，当物估价金额在 3 万元以上的，可以双方事先约定绝当后由典当行委托拍卖行公开拍卖。这一条款意味着，典当行在处理绝当物环节与拍卖机构有着密切联系，二者天然具备合作的基础。

典当与拍卖机构的合作可在艺术品鉴定上有所突破,二者产生的协同效应在艺术品市场上体现得尤为明显。由于艺术作品真伪难辨,对鉴定水平要求远高于房产、汽车等常规当物,因此不少典当行苦于专业人才的缺乏,对涉足艺术品抵押贷款业务顾虑重重。部分典当行看到艺术品收藏市场的价值,开启与专业拍卖机构的合作,利用拍卖机构专业的鉴定能力降低自身业务风险。而对于拍卖行来说,与金融机构的联姻并不鲜见,国际著名拍卖行苏富比与招商银行私人银行部建立了合作,国内保利拍卖也与中信银行强强联手,接受银行委托进行资产拍卖。与金融机构的合作既可拓宽拍卖行市场、扩大拍品范围,同时有助于提高拍卖行自身的市场知名度。

其次,在与教育机构合作时,应针对性解决典当行专业人才欠缺的问题。在解决人才问题的具体实践中,不少典当行已迈出步伐,与高等院校制订了专业人才培养方案。这种模式不仅能够激发学生学习兴趣,提供就业岗位,还能有效缓解企业人才缺乏的问题。此外,整个典当行业还可考虑与培训机构合作,建立培训—考证机制以提高从业人员整体业务水平。这种模式既有助于促进业内从业人员交流,同时有利于典当业形成统一的行业标准,但实现的前提是设立具有全国范围影响力的典当行业组织。

再次,通过与媒体、社区合作,解决典当行社会认知程度有限的问题。为提升市场认知,典当公司可适当在报纸、网络等媒体平台上发布广告,也可参与电视台鉴宝类节目,派出专业人员作为鉴宝嘉宾。此外,典当行可考虑与当地大型社区合作,在周末或节假日广泛开展社区义务宣传与科普活动,与居民互动,提高典当行区域市场知名度。宝瑞通典当曾举办过百人专家团进社区活动,为百姓免费提供奢侈品鉴赏讲座。

最后,典当行应加强行业协会与信息平台建设,促进内部团结协作,发展自身行业自律组织。目前,我国多地已成立了区域性典当行业协会,既包括北京、上海、天津、广东等经济发达省市,也囊括了新疆等较为偏远的地区。2011 年,19 个省市的典当行业协会负责人曾汇聚杭州,召开了首次全国典当行业协会联席会议,就建立全国省市典当协会联席会议制度进行商议。但目前我国众多典当行业协会仍为区域性组织,广泛分布于全国各地,缺乏统一的全国性协调机构,协会力量较弱。相比之下,美国典当业拥有强大的行业协会。全美典当业者协会(National Pawnbrokers Association)成立于 1998 年,在自律、宣传、培训等方面发挥了重要作用,要求典当行在经营中应最大限度保持职业操守,坚持诚信。协会倡导会员遵纪守法,免收赃物,并自觉在店铺悬挂协会标志,还向会员提供多种形式的专业培训,编写行业内部刊物,并组织典当年会以促进行业交流。因此,未来我国各地典当行业协会应加强合作,争取合力发声,在反映行业诉求、维护会员利益、加强社会宣传等方面做出更大贡献。

在针对典当企业的调研过程中,上海典当协会发现企业存在生存问题,不少企业对典当业的未来发展方向表达了担心,不确定应留在行业内继续发展还是退出转行。当前,典当行业内对该行业的未来存在积极应对、谨慎维持、负面消极等三种观点。持积极应对观点者认为,要积极应对目前的挑战,在业务创新、管理水平、团队建设、升级服务等多方面不断改革,扭转现在不利局面。而持谨慎维持观点者则认为目前经济大环境尚未改观,各种限制发展效应叠加,想发展却苦于无出路。认为主管职能部门转隶后,监管方依然保持严监管政策,政策上寻求发展突破点较难。他们采取谨慎经营,或主动收缩业务,暂歇部分业务等措施来等待外部环境变化后再谋求发展。持负面消极观点者认为行业的发展已到了黄昏期,行业将大面积地洗牌并重组,此期间将较为漫长,与其在这个领域耽误时间和精力,还不如主动退出。

目前,典当行业发展确实遇到一定的困难,但未来仍然存在发展机会。典当从业者应该遵照国家制定的发展方针政策,灵活采用不同的经营模式,制订适合本企业发展目标和计划,在自己熟悉领域做深做透,通过稳健经营来渡过目前的难关。应该收缩有风险的业务,加强逾期贷款的催讨和诉讼,适当的业务转型,都有助于企业渡过难关。但无论何种做法,都要按照企业自身实际出发,切勿急功近利,更不能以突破监管底线的做法来挽救和扭转企业困局。

就不同背景的企业而言,国有典当企业因股东背景资金实力较强,客源沉淀积累较厚,充当行业领头羊角色。而广大民营典当企业在目前阶段需要收缩和稳健经营。国家在政策层面上已认识到民营经济在整个国民经济中的作用和地位,民营经济和非国有经济发展得好坏,关系到宏观经济大局,也将影响“稳就业、稳金融、稳外贸、稳外资、稳投资、稳预期”的目标落地。因此,国家正在努力制定民营企业扶持政策,提升民营企业的信心士气,民营典当企业也应重拾信心,依靠行业大家庭力量,互帮互助,共渡难关。

参考文献:

毕吉耀、张哲人、原倩:《世界经济延续弱复苏　下行压力明显增加》,《求是》,2019 年第 5 期。

福建省金融工作办公室:《关于印发加强实体经济金融服务进一步缓解融资难融资贵指导意见的通知》,http://www.clba.org.cn/newsitem/278216472。

国家统计局:《2018 年国民经济和社会发展统计公报》,http://www.stats.gov.cn/tjsj/zxfb/201902/t20190228_1651265.html。

李奇霖:《民营、社区银行的差异化发展之路》,http://finance.sina.com.cn/zl/china/2019-01-03/zl-ihqhqcis2728140.shtml。

刘丛:《典当,古老行业的今日困局》,http://www.zichanjie.com/article/624594.html。

刘丛:《典当,未来通向何处?》,http://www.zichanjie.com/article/673367.html。

美国青岛工商中心:《美国典当行发展情况》,http://www.qdbofcom.

gov.cn/n32208327/n32208722/n32208735/n32208737/170426154320466523.html。

上海市典当业协会:《2017—2018 上海典当业发展报告》,内部资料。

吴雨、李延霞:《"精准滴灌"民营小微企业　融资环境持续改善——金融发力支持实体经济向好》,http://www.xinhuanet.com//photo/2019-05/22/c_1124529895.htm。

张莫、俞卜丹:《宝瑞通典当行推出低息贵金属典当业务》,《经济参考报》,2019 年 7 月 26 日。

课题组:韩汉君、赵玉春、刘　静、诸晓江、李小军、吴贤达、庄孝忠、雷　晋、詹宇波、金　阳

执笔人:韩汉君、詹宇波、雷　晋、金　阳

ZHUAN TI BAO GAO 专题报告

我国典当行业创新转型和升级发展的新方向

2013年以来,随着我国"普惠金融"的高速发展、典当行业竞争对手日益增多,加之典当行业银行融资渠道的管制全面趋严,中国典当行业发展增速明显降低,并逐步进入行业发展的严冬期。2018年,随着典当行业的业务经营与监管职责正式由国家商务部划转国家银保监会,典当行业内外关于行业通过"创新、转型"实现"行业升级"的呼声日益升高。

一、典当行业创新、转型、升级势在必行

近几年来,国际国内宏观环境逐步出现的根本性变化,使身处中国金融产业链末端的典当行业面临着复出以来最为严峻的生存形势。2008年,正当人们沉浸在工业化、信息化、全球化带来的经济繁荣中时,一场席卷全球的金融危机悄然而至——这场危机全面、深刻地改变了世界各国在经济、金融领域的政策走向,并对其后至今的十年国内外宏观环境带来了根本性的改变。尤其2008年开始实施的宽松货币政策在2013年后逐步收紧,给全球尤其是新兴市场经济带来的一轮又一轮的冲击。

典当行业是位于中国金融产业链末端的货币融通行业,在过去十多年中,同样经历了从蓬勃发展到艰难维系的过程:2008—2013年间,典当行业受益于中国经济的高速增长和房地产价格连年飙升,行业发展处于黄金增长期;随着2014年中国经济全面进入新常态,由于典当行业政策敏感性较强,债权资产调整能力相对被动,典当行业在银行融资途径失却、各类准金

融对手竞起、行业监管政策停滞的环境中展业空间日益压缩,行业生存形势日益严峻。

穷则思变,面对日益复杂艰难的竞争环境,典当行业开展了一系列困境图存的努力。在积极争取政策松绑的同时,许多的典当业内同仁开展了融资途径、业务品种、服务方式等各种创新探索,虽然这些努力目前看还未形成可持续、可复制的商业模型,但一场最终席卷整个中国典当业的创新之风、转型之风、升级之风已经势在必行。

二、寻找新的“拾遗补阙”空间

处于金融产业链末端,如何极致发挥行业“拾遗补阙”的本领,寻找新的拾遗补阙空间,是典当行业在激烈竞争中实现创新、转型、升级的根本路径。

现代典当1987年复出以来,由于历史原因,行业主要定位于“主流金融业的有效补充”角色,行业始终把对债务融资领域的“拾遗补阙”作为行业的立身之本,成为了改革开放之后的30年中大量中国中小微企业和居民扶危济困、救急解难的特殊融资渠道。

然而,随着经济的不断发展,我国债务融资领域的需求端发生了巨大的变化,对于典当行业而言,主要有三个重要维度的影响:(1)资产端:传统典当业务的质、抵押标的资产内容又相对集中于收藏类民品和房产,2013—2014年当这些目标行业自身面临着巨大的转型压力时,典当偿债的不确定性因素开始逐步累积。(2)融资端:行业外部融资的供给端出现政策性中断,典当企业可运营资金匮乏导致企业盈利能力急剧萎缩。(3)市场竞争端:随着普惠金融受到政策的大力扶植,租赁、保理、小贷、P2P等全新的竞争性行业不断涌现,其巨大的数量和体量在过去的五年多时间里呈现井喷态势。在此三个维度供求关系的共同影响下,典当行业可以拾遗补阙的腾挪空间受到了极大的压缩,行业积累的专业优势无法充分发挥。

因此,立足于典当业务特性,充分利用行业多年来在债性业务积累的企业内部控制、市场交易风险管控方面的丰富经验和客户资源,在现有的房产、高价值民品市场之外战略性地探索、寻找全新的、更加广大的“遗”“缺”空间,并最终通过行业实践归纳形成全新的业务(产品、服务)品种、融资途径,是构建“新典当战略”和“新典当商业模式”的必由之路。

三、典当行业的业务创新、融资创新、科技创新

典当行业应集合全行业智慧,并积极挖掘和集合跨行业研发资源,在全方位地、深刻地理解现今市场基础上,不断发现新的市场机会、并不断提高满足新的市场需求的综合能力。

近年来,典当行业相关企业在巨大的市场压力下,纷纷走上了挖潜和创新之路,但实事求是地讲目前各类典当创新实践还处于萌芽状态,如何从个性化色彩强烈的创新实践,逐步总结、归纳出一整套具有可复制性、可持续性、可推广性的典当行业创新理论将是未来典当行业面临的一个艰巨的课题。

首先,从已知的典当新型业务的行业探索看,基于与典当企业具有资本纽带关系的供应链相关环节的典当融资、基于基础消费的大宗民品物资的典当融资、基于多层次资本市场中的以中小微创业企业为主的“场外市场”的财产权利典当融资等相关实践,无论是从市场规模上,还是从适应当前的行业监管规则上,均具有较好的市场前景。这些创新性业务,针对的主要还是主流金融覆盖不及、不周的实体经济领域,资金需求的情况相对明确、偿债来源相对易于把控,且从竞争态势看尚处于蓝海状态,为典当行业发挥拾遗补阙优势提供了较好的展业空间。因此,对于目前苦苦寻求突破的大多数典当企业而言,学习先行企业充分利用自身的股东背景和管理团队的从业背景优势,发现并进入新的典当业务领域,将是未来典当企业各显其能、共创行业繁荣的重要途径。

其次,从已知的典当融资创新的探索看,为应对 2013 年行业融资政策的突然中断,一些典当企业尝试开展了股东借款融资、典当债权资产证券化等多种探索,但大多受制于现行典当管理办法的规定,存在一定的不确定性。然而,融资能力的缺失,令典当行业在资金充足度、降息降费的能力上受到了极大的限制,行业众多企业嗷嗷待哺成为了一种毫不夸张的形容。随着行业转隶,未来典当行业的融资困境应该会得到监管部门的重视,因此对于行业整体而言,一手练好内功、为新机制下对外融资条件要求做好充分准备;一手加强研究、为未来新政策下行业融资创新做好政策建议,是未来行业迎接融资政策正常化甚至有所创新的先决条件。

其三,从已知的典当科技创新的探索看,典当行业内已经出现了利用 GPS 跟踪实现机动车典当从车辆实物质押向权属质押的过渡,部分企业还在当户资信识别中引入了第三方行为数据分析等技术手段。但相比于当前一些大型的竞业对手(如一些从事消费信贷的科技金融公司),在大规模部署 A(AI,人工智能,目前已大量应用于客户电话服务)、B(Block Chain,区块链)、C(Cloud,云计算)、D(Big Data,大数据,目前已经广泛应用于借款人金融行为、社会行为的分析)方面,典当行业只能说是走出了信息化、网络化的第一步,行业未来直面“金融科技化”更大挑战的可能性极大。科技作为第一生产力,在重构资源分配上具有决定性的力量,尤其是当前互联网商业已经出现了从媒体平台向交易平台转化的强烈趋势,典当作为一个专业特点突出的小行业,应该充分利用好当前行业转隶的契机,打破客户征信、大数据整合分析等现存阻碍、从行业发展战略的高度全面升级典当管理系统,为未来典当行业全面走向智能化、规范化奠定坚实的基础。

因此,在当前行业监管政策尚不明朗的情况下,典当行业的业务创新、融资创新、科技创新,虽然均有很大的可提升空间,但也存在着相当的不确定性。对于规模不大、经营内容风险度较高的众多典当企业而言,试错代价不是单个企业所能够承受得起的。因此,在行业政策逐步清晰的前提条件下,进一步发挥好行业协会平台的作用,对内挖掘行业从业者的智慧和经验，对外邀约引进具有跨行业研发能力的资源，是整个典当行业未来全面打开创新之路的重要途径。

四、全面升级现代典当理论

典当行业应不断总结金融相关行业发展中的经验、教训，以现代经济、金融理论为指导，以迭代研发的远见，全面升级现代典当理论。

过去的四五年时间，是中国普惠金融相关产业高速发展的几年，是新兴的科技金融行业从无到有、不断侵蚀甚至颠覆传统金融的几年。这种高速发展下，这些新生产业一方面以新理念、新技术、新方法冲击倒逼传统金融行业，另一方也存在不少缺乏监管、野蛮生长的现象。对于这波风起云涌的普惠金融发展高潮对于中国金融业发展的利弊功过，目前业界、学界尚无共识，但对于其间折射出来的很多问题从近年来密集出台的监管新规看，国家已经有了充分的警醒。同样，作为身在局中的典当行业，在对大量涌现的竞争行业的不当行为批评的同时，更应该以保持战略定力，以专业、理性的态度去分析这些竞业对手发展中的经验、教训，找到典当行业自身在理论建设方面的不足，推动典当行业通过业务创新、融资创新、科技创新，实现行业理论的升级突破、力争后发先至。

对比传统金融和新金融的竞业对手，现代典当理论主要继承自传统的经济、金融理论，并且受制于典当业复出后以“当”为主的商业模型，在行业理论建设上的前瞻性存在相当的不足。举例而言，目前典当业的息费标准，主要采取的是“随行就市”的定价模式，风险定价缺乏有效的模型和工具、独立的风险定价能力无从谈起；又比如，由于缺少了典当独有的“典”这种商业模式，典当业在存量资产处置上相当被动，缺乏主动化解风险的理论能力和执行能力。可见，典当行业有必要在全面结合现代经济、金融理论的基础上，依据自身行业的特性和专业性，对现有的商业模式有所突破、有所升级。

此外，和大多数传统产业一样，典当行业在面对当前快速发展的信息技术，本能地抱有被动应用的态度，信息系统大多停滞于“电子记录”的早期形态，对于行业多年经营累积的数据资源的开发应用非常不足。对比一些新金融行业从技术出发、反向颠覆传统商业模式思路，显然还缺乏真正的长远性和可持续性。因此，典当行业有必要在行业理论建设和创新上，应该更加具有战略性、包容性和进取性，通过不断整理、总结自身乃至竞业对手在内的金融产业链在业务创新、融资创新和科技创新方面的经验教训，从迭代研发、理论升级的高度，不断推动现代典当行业理论体系的建设和发展。

疾风劲草，烈火真金。作为现代金融业的鼻祖，典当行业薪火相传了2 000 多年。20 世纪 80 年代后期，随着中国特色社会主义市场经济的发展，典当行业复出并在其后的 30 余年的行业发展中，为我国广大的中小微企业和社会公众提供了优质、高效的短期、小额资金融通服务，成为了主流金融行业有益的补充。当前，虽然由于宏、微观多种因素，行业正经历着复出以来最为艰难的时刻，但我们坚信只要现代典当业坚守“救急解难、扶危济困”的行业初心，传承行业诚信经营的传统，发扬与时俱进、不断创新的行业精神，典当行业一定能够在新时代实现复兴，并为社会繁荣、国家昌盛做出更多、更好的贡献！

执笔人：邵　良

我国典当业监管体制改革及政策建议

典当业恢复以来,有了较快的发展,对中小企业融资和消费者理财做出了贡献。截至2018年末,全国共有典当企业8 657家,分支机构936家,注册资本1 758.3亿元,从业人员4.2万人。2018年,全行业实现典当总额2 863.2亿元、营业收入96.2亿元、净利润13.5亿元。

但由于业务结构的失衡和个别机构的投机行为,整个典当业也积累了较大的风险,给监管带来了难题。2018年,典当监管制度发生了变革,监管部门由商务部改为银保监会,这标志着对典当业的定位发生了变化,同时也会对典当业未来的发展产生深刻的影响。

一、中国典当业监管体制改革历程

典当是一个古老的行业。典当融资具有小额、短期、快捷、灵活的特点。中华人民共和国成立后,典当一度成为旧社会剥削的负面形象。1956年初,我国私人典当业实现了全行业公私合营,不久便完全消失了。改革开放后,典当业迎来复苏。在20世纪80年代末至90年代初,典当业经历了一个高速扩容期,最多时达到3 000多家。刚刚恢复的典当行业缺乏明确的监管部门,地方政府多头审批,行业间恶性竞争、秩序混乱。1993年,典当行划归于中国人民银行监管。1996年中国人民银行颁布《典当行管理暂行办法》,确定了典当行业的定位是非银金融机构,基于民品的抵质押业务也即传统的当铺业务进行经营。

2000年,典当业从中国人民银行的管理下脱离出来,交由国家经贸委管理,定位为特殊的工商企业。2001 年国家经贸委颁布《典当行管理办法》,拓宽了典当行的经营范围,允许开办房地产抵押业务;并允许在省内开设分支机构,扩大了经营规模;还拓宽了融资渠道,允许从商业银行贷款。2003 年,国务院机构改革将国家经贸委撤销,改组商务部,典当业的主管部门遂变成了商务部,典当行被定位为企业法人。2005 年商务部与公安部联合颁布了《典当管理办法》,该办法又进一步拓展了典当行的业务范围,明确典当行可以从事财产权利典当和机动车典当业务,可以跨省设立分支机构。P2P 风波发生以来,政府大力加强对民间金融和网络金融的管理。2018 年 5 月,典当行的主管部门由商务部划归中国银行保险监督管理委员会,定位为银行业非存款类金融机构,体现出对典当行业的金融风险的防范意识和对中国特色的"金融典当业"的规范管理的方向。

表 1　典当业的管理机构与定位变化

时间	管理机构	定　　位	管理办法
1993 年	中国人民银行	非银金融机构	颁发金融机构法人许可证
1996 年	中国人民银行		颁布《典当行管理暂行办法》
2000 年	国家经贸委	特殊的工商企业	
2001 年	国家经贸委		颁布《典当行管理办法》
2003 年	商务部		
2005 年	商务部	企业法人	商务部与公安部联合颁布《典当管理办法》
2009 年	商务部		起草《典当行管理条例》并报送国务院进入立法程序。2011 年,国务院就《典当行管理条例》多次征求意见,但未正式出台
2015 年	商务部		发布《关于进一步引导和支持典当行做好中小微企业融资服务的通知》
2018 年	银保监会	金融机构	

资料来源:转引自刘丛:《典当,古老行业的今日困局》,http://tjjdx.com/show.asp?id=2370, 2019 年 5 月 1 日。

2018 年 5 月 8 日,商务部办公厅发布《商务部办公厅关于融资租赁公司、商业保理公司和典当行管理职责调整有关事宜的通知》,将制定融资租赁公司、商业保理公司、典当行业务经营和监管规则职责划给银保监会。2018 年 11 月,上海市地方金融监管局和上海市商务委签订转隶确认书,上海市商务委将典当行业的监管职责(包括规划制定、行业准入、行业监管、行业自律组织指导等)划转至上海市地方金融监管局。

2019 年 5 月,上海市地方金融监管局发布《关于进一步促进本市融资租赁公司、商业保理公司、典当行等三类机构规范健康发展强化事中事后监管的若干意见》,指出,上海市地方金融监管局对典当行进行监管计分,在此基础上开展年度监管评级,按评级结果实施分级分类监管。

二、典当业监管转隶后的监管重点

(一)典当业中的系统性风险

当前,典当业普遍业务结构不合理,房地产抵押业务常年保持在 60% 以上的份额,单笔违约风险很大。从上海典当行业协会提供的数据看,2018 年,上海典当行业全部业务中,房地产典当业务所占比重继续加重,达 65.3%,收入中的近六成来源于房地产典当业务。可见,房地产典当仍是典当业的主要业务,占了半壁江山。典当行普遍规模小,在现在的房地产高价位的情形下,这导致了单笔额度过大的问题,是典当业暴露在信用风险之下,而且一旦房地产价格下跌、金融泡沫破裂,极容易导致系统性风险。

首先,典当行业务结构带来的风险。一部分典当行实际经营范围狭窄,传统典当业务萎缩,为追求高额利润,业务金融化趋向显著。时至今日,房产、汽车、股票组成的"新三样"成为三大业务支柱。新设立的典当行尤为明显,往往优先开展房产抵押业务。在房地产价格居高不下、金融泡沫成为社会共识的今天,典当业积累了大量的风险,只有增加民品典当业务占比、开拓新的安全的业务领域,典当业才能实现可持续发展。

其次,典当违规融资和暗地放贷导致金融泡沫。2018 年 5 月 22 日《证券日报》报道:“通过典当行抵押房产的资金来源一般有两种模式:一种是典当行的自有资金,一种是信托资金……信托资金的来源是信托公司通过银行或其他途径发行的信托计划,将募集到的资金在市场上找到相关合作方来使用。一般为月息 1.5%,一般最长抵押期限为 2 年,只有全额还款一种还款方式,抵押 3 个月后全额还款不收取违约金。最快可做到 2 个工作日到账……(对于客户的买房需求)典当行会提供垫资服务,客户每 10 天需缴纳合同额的千分之七作为利息,不满 10 天按照 10 天计算。”①

(二)典当业融资问题

近几年来,典当业发展遇到了瓶颈。首先是其他面对中小企业融资的金融机构的成长导致的同业竞争压力。商业银行小额信贷机构、村镇银行、农村信用合作社、小额贷款公司、融资租赁公司等机构与典当的业务有同质性竞争的部分,导致典当业生存空间变小、压力增大。其次,典当业还遭遇 P2P、民间融资等新融资模式的不公平竞争,使典当业发展雪上加霜。

典当业服务的中小微客户的信用风险本身比较大。全国典当行业业务对象约 80%是中小微企业。一旦发生系统性的金融风险,这些客户抵押和质押的房地产或股票等财产权利会严重缩水,而且赎回难度增加,典当行对绝当的处理也难度增加,从而有可能带来典当行资金链断裂的风险。有典当业人士提出资产证券化来解决典当行的资金融通问题,降低典当业的整体风险。但这是一把双刃剑,如果整体金融市场的营商环境没有实质改变,仍旧是围绕房产、股市的虚拟经济运行,那么,典当业务的资产证券化很可能会带来美国次贷危机类似的结果。

典当行业若要为实体经济服务,还是需要一定的实力保证融资能力和

① 刘萌:《部分银行信贷资金借道典当流入楼市,多家典当行垫资利率突破 24%》,《证券日报》2018 年 5 月 22 日。

自身的信用安全。可以考虑增加典当行股权融资的渠道以及典当行之间的合作。从美国经验看,大规模、连锁店对典当行的品牌形象建设和业务拓展能力起到了很大的作用。因此,本着规范与扶持相结合的原则,对于典当行健康、有序的业务拓展,应该给予融资的便利,改善典当行的营商环境,促进普惠金融的发展。

三、国外监管制度借鉴

英国是世界上最早对典当业进行系统立法的国家,美国是目前典当业最发达的国家。通过借鉴这两个国家的监管制度,对中国典当行业的规范发展,有一定的启示。

(一) 国外典当监管制度简介

1. 英国的典当监管制度

英国的《1872 年典当法》是世界上最早的完整的典当业法规。英国的典当行的设立,除了一般企业的设立标准外,在英国申请设立典当行,需要由英国公平贸易办公室颁发的典当经营许可证书。从当户分布看,英国当户一般为中低收入者,占 80%。据英国典当协会的一份调查问卷,当户以 30 岁左右的女性为主,2/3 以上的当户家庭有学龄孩子,他们是社会的低薪阶层(低于英国 1.9 万英镑的平均工资)或者是社会福利的受益者。①

2. 美国的典当监管制度②

美国的典当业发展时间较短,但目前已成为全球典当业最发达的国家。美国没有统一的联邦典当法规,而是通过州立法进行规范。美国各州

---

① 《外国典当业起源与发展之英国典当业发展概况》,2010 年 3 月 19 日,http://www.huaxiapawn.com/news/list.aspx?nodeid=83&page=ContentPage&contentid=5323。

② 贾圆媛:《浅析国外与我国台湾地区典当行业监管法律制度的启示》,《法制与社会》2015 年第 1 期(下)。

立法都将典当机构作为消费信贷组织进行监督和管理,由各州政府的消费信贷部门和治安管理部门分别行使监管职能。

美国典当业的准入实行行政许可制度,治安管理由本辖区内警察局的专门处室负责。典当行必须对每天发生的典当业务进行登记并传送给警察局以备查询。美国的典当业监管中,在法律基础上,行业自律发挥着主要功能。美国典当业商会是全国性的典当行业协会,在协调、管理和服务上都发挥了重要作用。

3. 日本的典当监管制度

日本典当行业经历了循环往复的繁荣—衰落—繁荣—萎缩过程。明治维新后,日本典当进入了空前繁荣的时代,之后逐渐衰落。①第二次世界大战后,日本经济受到强烈通货膨胀的影响,但在那个时代,典当行蓬勃发展。主要以贵金属、和服及手表为主。但一进入 20 世纪 70 年代,由于无担保人和抵押品的消费金融的兴起,典当业迅速失去了动力。2007 年秋季发生的雷曼危机对各行业产生了巨大影响。许多人仍会记得大多数金融股在瞬间下跌。出现了一个有趣的现象,例如“典当行的股票上涨”。人们已经重新获得典当行坚定不移的“提供资金和贷款”的支持。由于“如果没有偿还资金,产品会流动”的机制,典当行被投资者等重新评估为比消费金融更为可靠的业务。20 世纪后期,随着国家及企业的福利状况大幅度改善,社会保险体系逐步健全,使民众的贫困程度缓解,另外,日本国内面向普通民众提供个人贷款的机构日益增多,部分当户被其分流,典当业出现了萎缩。②

在典当业监管方面,第二次世界大战后日本出台了《典当营业法》,规定典当业的行业监管部门为各地公安委员会。警察机构属于日本典当业的具体治安管理部门,监管是否有赃物通过典当渠道变现。依日本现行有

① 《日本典当行业发展简史》,2014 年 4 月 2 日,https://www.wdzj.com/news/diandang/10189.html。

② 《典当行增长率(近 2018 年)》,https://kobutsu-ch.com/pawnsh-growth-rate/。

关法律，允许当铺以自己的房产、仓库等不动产作为抵押，向银行举债，借贷经营，从而用于资金运作开展业务。

（二）启示

1. 立法的规范发展

由英美典当监管制度可以看出，立法是典当业规范发展的基础。其他典当发达的国家和地区也一样，如日本第二次世界大战后颁布了《典当营业法》，中国台湾地区在2001年颁布了所谓的“当铺业法”。

而我国典当立法严重滞后于行业发展。从中国人民银行的《典当行管理暂行办法》到原国家经贸委《典当行管理办法》，再到现行商务部、公安部《典当管理办法》，还是最新的上海市地方金融监管局发布《关于进一步促进本市融资租赁公司、商业保理公司、典当行等三类机构规范健康发展强化事中事后监管的若干意见》都属于部门规章，而不是法律，无法有效保证典当业的规范发展。

例如，2005年制定的《典当管理办法》当中没有典当权力的规定，使典当业的经营无法可依。“在诉讼案件中只能套用民法、担保法等的相关规定，对于当物资产、业务范围、息费的收取等得不到法院的认可，给典当行业带来资产缩水、收益减少、业务非法甚至败诉的风险。”①

2. 行业协会的作用

目前，我国多地已成立了区域性典当行业协会，但缺乏统一的全国性协调机构。且在主管部门强势监管下，典当行业协会难以发挥出应有的作用。应尽快建立统一的典当业监管机构，并明确其与典当业协会的职能划分，提升监管水平及效率。

在划归银保监会后，典当业的监管事实上由地方金融监管局负责。如果只是靠行政管理，交易成本高而且行业系统性风险大。要想平衡典当业

---

① 谷新生：《典当新监管后的分析和前瞻》，2018年6月11日，http://tjjdx.com/show.asp?id=2208。

规范发展与业务创新的关系、处理好金融业务和其他典当服务业务的关系,需要行业自身的配合;另外,典当行业专业技术要求高,若要对其诚信进行监管,行业协会也能起到关键作用。

四、典当业新监管时代的政策建议

(一)调节业务结构,双轮驱动

典当业的实质是现有的实物财产或者财产权利的融通,而不是投资。这个性质决定了典当是一个稳健的行业,无论在社会繁荣时期还是在经济危机时,典当都会有好的发展。例如,美国20世纪末期连续10余年稳定发展的时期,典当业也随之发达,但发展速度远远比不上银行、证券等主流金融行业,只能作为边缘陪衬;次贷危机之后,银行等金融机构纷纷倒闭,而典当业却也能稳定发展甚至逆势增长。许多人因手中的存款丧失或者债券、股票被套牢,而被迫以实物资产向典当行借贷,以求周转度日,改善自身财富缩水的窘境。

可见,从国外经验看,与其他金融业相比,典当业呈现出独特的稳健风格,给泡沫破灭中的经济一个缓冲,尤其是给予无信用或低信用的群体融资的途径。如前所述,在西方发达国家,典当行发放以动产质押为主的小额、短期贷款,其服务对象是贫困人口、部分中产阶级等。典当涉足的领域往往是其他融资方式所不涉足或者很少涉足的领域,当品多为钻石、珠宝、古董、手表、乐器、体育器材、汽车等动产,另外,国外为扩大经营规模,加大物品流通量,还专门经营各类商品寄售业务。中国典当业极少有寄售业务,而是以服务中小微企业主、个体工商业和工薪阶层为主,主要经营房产、土地等不动产抵押和股票等财产权利质押以及汽车抵押业务。

国外的典当行经营范围一般为动产质押,即当铺的传统业务。极少数国家允许通过财产权利进行质押,而明确规定不动产可以进行抵押的只有中国。①例如，经过社会的长期发展，日本的融资体系和格局已基本定型，其模式为：大企业的资金主要由城市银行、信托银行、长期信用银行等大银行提供；中小企业的资金由当地的地方银行提供；而更小的企业的资金则由遍布全国的各类非银行金融机构提供。因此，日本的当铺主要担负着向公民个人发放质押贷款的职能，主要受理的当物也是常见的金银饰品、高档手表、家用电器等动产。据了解，日本典当业现今属微利行业，通常主要靠典当利息、手续费等综合费用来维持。②

据美国典当研究机构1998年的一项调查显示，美国广大当户向典当行融资的基本原因大致有七个方面。其中面对某种压力和出于未便公开的个人原因居于较高比例，支配着美国当户的典当动机，分别为31.9%和32.4%；声称自己是为了支付医疗账单的人占到4.8%的份额；利用典当借贷为购买或修理汽车而支出的人则高达13.5%；另外贷款送礼的为4.7%，自我开销的为8.8%。可见在美国的典当市场上，典当类型的多元化结构同样存在，但应急型典当如面对压力、求医问药、汽车修理等占比最大，达到50%以上；而消费型典当亦有一些，如请客送礼、餐饮购物等。③

因此，中国的典当行业跟国外相比，更接近主流金融机构，虽然与金融业中的重要支柱如银行业、证券业、保险业、信托业等无法相比，但比传统的民品典当业务的利润要高得多，对实体经济尤其是中小微企业和个体工商户的融资能起到拾遗补阙的作用。

相较于大型、传统金融机构，典当"对物不对人"，融资期限灵活。不但融资时间灵活（少则几日，多则数月），当户还可以自主决定提前还款。对于中小微企业、个体工商户和急需资金周转的消费者，是一种灵活便捷的

---

① 《中外典当比较下的启示》，2015年3月2日，http://www.wuaipawn.com/new,id,134.html。

② 《典当行增长率（近2018年）》，https://kobutsu-ch.com/pawnsh-growth-rate/。

③ 《现如今典当业所处的地位和它的作用是什么?》，2014年9月24日，http://www.cnpawn.cn/pawnnews/show.php?itemid=52086。

金融服务。例如,某印刷厂为重振企业雄风,走出衰落低谷,决心筹措巨资从深圳引进一套高新设备。但努力的结果是,还差 6 万元。眼看交款限期日益逼近,如向银行贷款,信誉条件不具备,难有所获;如向兄弟单位伸手,时下谁都缺钱花,爱莫能助;最后,厂长只得抱着试试看的想法来到了一家典当行,经协商,典当行同意以该厂闲置的老化设备作质押,一次性贷给企业 6 万元,使其如期引进设备,从而救活了这家原本濒临倒闭的印刷厂。1992 年度,北京某企业时值年关将近,银行一般只收贷不放贷之际,为给单位职工谋些福利,于是到金宝典当行当了一批电子元件,价值几万元,基本上达到了筹款目的。另河南省郑州某厂,为筹足年终还账的发工资款,专程来到北京,将一批针织品当在金宝典当行,得款 2 万元,暂时缓解了困境。北京市阜昌典当行还办理过一宗以酒为当物的业务。原因是京城某单位从外地购进上万瓶天麻灵芝酒,后其库房翻建需要预付施工费,于是该单位便把几百箱酒悉数送来典当行质押,换回现金数万元先用。

中国典当业更像银行的业务模式,固然为房地产抵押融资、企业经营资金周转等提供了便利,但相应地,系统性风险也高得多,在金融危机来临时,对社会经济的缓冲作用也难以发挥。因此,为了典当业的长远发展,新的监管部门应该对典当行业的业务结构进行调整,发扬典当的稳健特性,服务中小微企业和个体工商户、消费者,而避免其通过房地产抵押、股票等财产权利质押来与其他金融机构竞争、加重经济杠杆的行为。

总之,我们以为,中国典当业已经形成的以房地产抵押、汽车抵押和财产权利质押占绝对优势的业务结构有利于实体经济融资,可以适度发展,尤其在金融领域开放落后于实体经济发展的格局下,更不能为了防范风险而一刀切地抑制;另外,也需要借鉴国外发达国家经验,发扬典当业对贫困人群、低信用人群的融通作用,为经济稳定做出贡献。另外,在贫富差距大的今天,典当行可以借鉴美国等国家的寄售模式,让高档消费品和手机等易耗品能更好地融通和被利用,从而节约社会资源,降低工薪阶层和贫困人群的生活负担。从而实现企业融资功能与民品典当的双轮驱动,令典当业的服务实体功能与稳健调节器的功能协同发展。

（二）创新民品服务，提升行业价值

典当业务不能局限在房产、汽车、股票三分天下，去房产化、调整业务结构已经成为业界共识，也是监管部门将大力规范的领域。然而，破的前提要先立，否则，副作用大而且阻力重重，必然效果不佳。民品典当业务是典当的根基，新监管后，应鼓励典当行业在新民品上创新发展，新民品服务指的是保管服务和鉴定咨询服务。

1. 保管服务

保管服务是一个典当行新兴的优势服务。典当行从事动产和财产权利质押的业务，自然要求其仓储能力如仓储设施、仓储技术和安全系数都要有很高的品质。这对于自己存放条件不足的消费者是一个方便的服务。同时，典当行保管的安全性高，这一点与银行保险柜类似，但比保险柜有自己的优势。银行保险柜的租金费用较高，而且并不适宜所有动产。而典当的收费相对要低廉得多。“举例来说，1 万元的首饰当 500 元，一个月后来赎回，按 40‰的综合费率来算，那么保管费就在 20 元而已。而银行的保管箱基本是一年一租或半年一租，其费用在几百元至上千元不等，且银行的保险箱较难接受古董、字画之类的大件，主要用于保存黄金，相比之下典当行还是颇具竞争力的。”①

在出差、旅游时将家中的贵重物品或者汽车质押于典当行，是很受欢迎的一个新式服务。“如英国最大的典当行——哈维·汤普森当铺就在伦敦开办了代客保管贵重珠宝的业务，原因是越来越多的人在出国度假期间，希望典当行为自己的‘细软’保驾护航。”

2. 专业可靠的鉴赏家

在中国，典当企业以小微企业、个体工商户和普通消费者为主要服务

① 《现如今典当业所处的地位和它的作用是什么?》，2014 年 9 月 24 日，http://www.cnpawn.cn/pawnnews/show.php?itemid=52086。

对象，手续简便、放款迅速，是有实体经济基础的一种金融服务机构。客户到典当行借贷，不存在繁琐的申请程序，手续十分简便。汽车质押1小时，房地产典当快则一日即可放款，慢则三五日也可放款。2018年，全国平均单笔业务金额18.1万元，平均当期32天，最短当期1天。①

此外，当户可对质物进行随意搭配组合，典当行将依据总价值提供当金。而银行通常能接受的抵质押品范围较小，主要是房产、商业票据、国债等标准化程度高的资产，而对于鉴别专业性要求较高的艺术文玩、奢侈品等则较少涉及。

由于典当行需要根据当品价值判断是否能够借出资金以及借出资金的规模，而且典当行业的抵押物从房产、汽车、手表、珠宝到国债、股票等各种动产或不动产，拥有广泛领域的专业技术人员，因此，鉴定和咨询是可以延伸的一个非常有前景的服务方向。在实践中，某典当行以“专业鉴定、特色理财”为服务定位，将艺术品鉴定、古董鉴定与理财咨询、家庭理财规划等结合起来，利用专业技术面对高端客户提供增值服务，这个业务创新获得了客观的利润。

在专业咨询方面，典当行一方面可以发挥自身技术优势，另一方面也可以整合资源来做平台。例如，与拍卖机构的合作。绝当须由典当行委托拍卖行公开拍卖，因此，典当行与拍卖机构经常打交道，对拍卖机构的专业能力比一般企业和消费者要更了解。典当与拍卖机构的合作可在艺术品鉴定上有所突破，同时，典当行也可以充当平台，为老顾客的拍卖需求提供咨询和中介服务。还有部分典当行看到艺术品收藏市场的价值，开启与专业拍卖机构的合作，利用外脑来降低管理成本、防范业务风险。

① 《2018年全国典当行业运行情况统计》，2019年4月4日 http://tjjdx.com/show.asp?id=2370。

参考资料：

《2018年全国典当行业运行情况统计》,2019年4月4日,http://tjjdx.com/show.asp?id=2370。

《2018年1—2月,业务结构保持稳定、房地产典当仍是行业主营业务》,2018年3月26日,金德信典当网站 http://tjjdx.com/show.asp?id=2370。

《典当行增长率(近2018年)》,https://kobutsu-ch.com/pawnsh-growth-rate。

谷新生:《典当新监管后的分析和前瞻》,2018年6月11日,http://tjjdx.com/show.asp?id=2208。

贾圆媛:《浅析国外与我国台湾地区典当行业监管法律制度的启示》,《法制与社会》2015年第1期(下)。

刘丛:《典当,古老行业的今日困局》,2019年5月1日,http://tjjdx.com/show.asp?id=2370。

刘萌:《部分银行信贷资金借道典当流入楼市,多家典当行垫资利率突破24%》,《证券日报》2018年5月22日。

《日本典当行业发展简史》,2014年4月2日,https://www.wdzj.com/news/diandang/10189.html。

《外国典当业起源与发展之英国典当业发展概况》,2010年3月19日,http://www.huaxiapawn.com/news/list.aspx?nodeid=83&page=ContentPage&contentid=5323。

《现如今典当业所处的地位和它的作用是什么?》,2014年9月24日,http://www.cnpawn.cn/pawnnews/show.php?itemid=52086。

《中外典当比较下的启示》,2015年3月2日,http://www.wuaipawn.com/new,id,134.html。

执笔人:李桂花

违法成本低的原因及对策

违法成本低是我国许多行业和领域大量存在违法行为的重要原因。"违法成本低"并不能简单地理解为"处罚过轻"或"罚款太少",违法成本低有着诸多原因,除法定处罚过轻外,还包括无法可依、有法不依、执法不严、违法不究、守法成本高等原因。要解决违法成本低难题,就要推进综合治理,完善相关立法,提高处罚力度,科学确定处罚幅度,重视非金钱处罚的应用,加大执法力度,重视降低守法成本和维权成本。

对于社会上违法行为屡禁不止的现象,许多人将原因归于违法成本低并将违法成本简单地与罚款数额画上了等号。事实上,违法成本低与违法行为难以有效减少和消除的确有一定的因果关系,但造成违法成本低的原因很多,远非罚款太少或处罚太轻这一个因素。本文拟对导致违法成本低的诸多原因进行分析并提出相应的解决对策。

一、违法成本与违法行为

所谓违法,是指特定的法律主体(个人或单位)由于主观上的过错所实施或导致的、具有一定社会危害性、依法应当追究责任的行为。与违法的概念相对应,所谓违法成本,是指实施了违法行为的特定法律主体(个人或单位)因其违法行为而要付出的丧失人身自由、支付金钱、损失名誉等各种代价的总和。简而言之,违法成本是违法人为其违法行为所要付出的代价。比如,行凶伤人者可能要被追究刑事责任而判处入狱监禁,驾驶机动车交通违章者要被交通警察处以行政罚款,合同违约者要赔偿合同相对人因违约所受的经济损失，侮辱或诽谤他人者要赔礼道歉并赔偿受害人的精神损害等。

违法行为成本或代价的效力源于法律的明确规定。国家法律之所以为违法行为设定成本或代价，目的就是预防、减少和消除违法行为。

违法成本对违法行为能够起到遏制和制约作用的根由是人们都具有“趋利避害”的本性。当人们面临守法行为与违法行为的选择时，违法成本往往起了关键性的作用。“当违法成本低于违法所得到的利益时，绝大多数人选择违法；当违法成本等于违法所得到的利益时，绝大多数人都有一种侥幸心理，就是希望自己的违法行为不被发现或不被查处；当违法行为可能支付的成本高于违法所能得到的利益时，绝大多数人才可能选择不违法或守法。这就是违法可能性及其成本间的反比例关系。”①

按照法经济学“理性最大化”的基本假设，人作为理性的“经济人”，都是利益最大化的追求者。人们在做出一定行为之前，总会对各种可能的行为方式的成本和收益进行预测和比较，从中选择可以给自己带来最大利益的行为。因此，一个人之所以从事违法行为，往往是行为人在充分计算和比较违法的风险、成本和收益后，在投机侥幸心理支配下所做出的放弃合法途径、谋求以非法行为方式牟取不当利益的决策。当违法收益明显高于违法成本时，从事违法行为既是一项合乎个人理性的选择，也是现实生活中大多数人都会做出的选择。

违法成本低是我国许多行业和领域大量存在违法行为的重要原因。当违法成本低而守法成本高的时候，社会就会出现经济学上所谓的“格雷欣法则”(Gresham’s law)，即劣币驱逐良币。其结果是：要么守法的人们被淘汰，要么守法的人们放弃守法行为并加入违法者的行列，由此必然会使违法行为愈演愈烈、屡禁不止。因此，要有效预防和减少违法行为，就必然要将解决违法成本低难题作为当务之急。

---

① 游劝荣：《违法成本论》，《东南学术》2006 年第 5 期。

二、违法成本低的原因

社会上许多人将“违法成本低”简单理解为“法定处罚太轻”或者“罚款太少”，对“违法成本低”的第一反应就是立法有问题，建议通过修改法律来提高对特定违法行为的处罚力度。例如，2011 年 6 月，美国康菲公司与中海油合作开发的位于渤海湾的油田发生溢油事故，造成严重海洋污染，有人针对我国《海洋环境保护法》所规定的“对进行海洋石油勘探开发活动造成海洋环境污染的，处以 3 万元以上 20 万元以下罚款”，认为立法处罚太轻，根本起不到阻却违法的作用，于是呼吁修改完善相关法律，以改变“守法成本高、违法成本低”的局面。然而仔细分析，这样的看法未免过于偏狭，因为一方面，事故责任方所承担的违法成本绝不仅仅限于行政罚款，就渤海湾溢油事故而言，康菲和中海油总计支付 16.83 亿元用以赔偿溢油事故；另一方面，也更重要的是，违法成本低的原因是多方面的，立法中处罚过轻的问题只是其中的一个方面，除此之外，无法可依、有法不依、执法不严、违法不究、守法成本高等都是导致违法成本低的重要原因。

（一）无法可依

尽管中国特色社会主义法律体系已经形成，但这并不代表我国的法律法规非常完善，无所不包。一方面，在某些行业和领域，我们的法律法规仍然不太健全，尚存在一定的法律盲区；另一方面，随着社会的发展，新的经济模式和经济业态不断涌现，法律的稳定性与千变万化、日新月异的社会生活之间难免出现脱节和矛盾，法律的滞后性日益突出，对新兴行业规范的空白需要弥补。因此，在无法可依的状态下，一些具有社会危害性、依法应当追究责任的行为就得不到及时的追究和惩治，从而形成社会上的大片灰色地带使得那些追求不法利益者有机可乘。

以典当业为例，中华人民共和国成立后，直到 1996 年才由中国人民银行制定颁布我国首部系统规定典当行业经营管理制度的规章，即《典当行管理暂行办法》;国家经贸委后于2001年正式颁布《典当行管理办法》;商务部2005年颁布了新的《典当管理办法》;2012年底颁布《典当行业监管规定》。对于典当业和典当行为,我国一直以来缺乏一部位阶比较高的法律规范,而且目前的相关法律规范不够健全,导致典当行为违法成本低而守法成本高。例如,现行法律规范中没有规定善意收赃制度。原国家经贸委所颁布的《典当行管理办法》中规定,若典当行因不知情而误收赃物的,原物主在交纳当金后,即可取回该物品。当然,典当行在主观上是否知情一般是由公安机关来认定的。在商务部接手监管后取消了典当行的善意收赃制度,在《典当管理办法》中直接规定典当行不得承收盗赃及来历不明的物品,一经查实将依照国家有关规定处理。《典当行业监管规定》中也没有提到善意收赃的问题。可见,我国目前没有任何一部位阶在行政法规以上的法律来对现实中频频发生的典当行善意收赃问题做出明确规定,而其他位阶较低的法律规范在赃物处理问题上模糊不清,这一方面使得典当行在实践中容易落入制度陷阱,即使不知情的善意收赃,结果也往往是被公安机关和司法机关直接抄没标的财产,提高了守法成本,束缚了典当行业发展的手脚,另一方面导致恶意收赃和善意收赃难以区分,模糊了守法行为与违法行为的边界,为不法行为寻租提供了灰色地带,相对降低了违法成本。从比较法的角度考查,世界上不少国家和地区对典当行业采用单独立法的模式,如英国1872年就颁布有《典当商法》,后历经数次修改,1974年为《消费信贷法》所取代;美国各州皆有本州的《典当商法》,联邦1921年制定了《统一典当法草案》;新加坡1898年通过《典当商法》;我国台湾地区2001年6月在原《当铺业管理规则》基础上也颁布实施了新的所谓"当铺业法"。[1]我国应尽快制定统一的《典当行法》,结束诸多典当行为无法可依的局面。

---

① 卢显洋:《中国典当行业监管立法及其完善》,《重庆大学学报(社会科学版)》2018年第5期。

(二) 法定处罚力度不足

法定处罚力度不足既是违法成本低的主要表现,也是造成违法成本低的根本原因之一。

以 2018 年影响非常大的长春长生假疫苗案为例,针对长春长生生物科技有限公司冻干人用狂犬病疫苗生产存在记录造假等行为,吉林省食药监局做出行政处罚判决书,没收违法所得 85.9 万元,处违法生产药品货值金额三倍罚款 2 584 047.60 元。三倍罚款不可谓不轻,但罚没总款才 200 多万元,这和假疫苗对公众健康的严重危害以及该公司动辄数亿的违法所得极不相称,由此该案一度引发社会的热议。然而,这样的处罚完全是依据《药品管理法》的明确规定做出的,三倍罚款已经达到法定罚款位数的上限。对此,我国目前正在制定的《疫苗管理法(修改草案)》中准备将违法生产、销售疫苗的罚款最高额度提高到三千万元,不能不说是出于加大处罚力度、提高违法成本的考虑。

再以典型的环境污染致害事件为例,2014 年 8 月,湖北省建始县某矿业有限责任公司废水泄漏,导致三峡库区 280 万立方米水体受到严重污染,经过评估,事件造成重庆市巫山县、奉节县共 4 个乡镇约 5 万人饮用水受到影响,直接经济损失 334.32 万元,该事件被认定为企业违法试生产、违法排污引发的跨省界重大环境水污染责任事件,肇事企业被湖北省环保厅判处罚款 100 万元。①对于直接经济损失高达 300 多万元的重大责任事件,罚款只有区区 100 万元,许多人认为处罚过轻,不足以惩罚和威慑违法行为。然而,100 万元正是我国《水污染防治法》所规定的对相关违法行为罚款的上限,这与西方国家对污染企业动辄处以几十亿、上百亿美元的罚款数目形成鲜明的反差。

由于处罚力度不足,特定主体在面对“违法”与“守法”的选择时,出于

---

① 杨烨:《环保部公布千丈岩水库污染调查结果》,http://dz.jjckb.cn/www/pages/webpage2009/html/2015-01/21/content_1171.htm,最后访问日期:2019 年 6 月 17 日。

趋利避害的本性,自然会考虑违法行为获益与违法行为风险的比例关系。以环境污染执法案件为例,一个企业要彻底解决超标排污问题,就应当依照法律规定投资配套兴建一个污染处理设施。于是企业面临两个选择:一是投资数百万元来兴建污染处理设施,每年还要支付不菲的运行维护费;二是继续违法排污,大不了被查出超标排污,每次罚款不超过 20 万元,事实上还不一定会被查出。这样一比较,法治意识和环保意识不强的企业主大多都会做出后一种选择。试想,如果超标排污的处罚不是区区十来万元,而是几百万元,企业老板谅必不再会铤而走险。因此,提高处罚力度将是提高违法成本的最直接、最有效的手段。

处罚力度不足不仅难以有效制止违法行为,有时反倒会纵容、鼓励甚至诱发违法行为。一个最好的例子便是 20 世纪 80 年代在北京发生的一件故事。在北京天安门广场,佩戴“红袖章”的执勤大妈抓到一位随地吐痰的年轻人,依照规定要求其交纳五角钱罚款。于是,这位年轻人就掏出一元钱,转身再吐了一口痰,然后对大妈说:“大妈,你就不用找钱了。”此事当时经媒体披露,在社会上引起强烈反响。虽然大家讨论的焦点主要集中在道德评判、舆论谴责和公共道德建设等层面,但从经济学角度分析就是一个简单的成本问题。如果当时罚款的数额不是区区五角钱,而是 5 块钱、50 块钱,想必小青年也不会如此潇洒地违法。

(三)有法不依

2011 年 3 月 10 日,全国人民代表大会常务委员会委员长吴邦国同志向十一届全国人民代表大会四次会议作全国人大常委会工作报告时庄严宣布,一个立足中国国情和实际、适应改革开放和社会主义现代化建设需要、集中体现党和人民意志的,以宪法为统帅,以宪法相关法、民商法、行政法、经济法等多个法律部门的法律为主干,由法律、行政法规、地方性法规与自治条例、单行条例等三个层次的法律规范构成的中国特色社会主义法律体系已经形成,这表明我国已在根本上实现了从无法可依到有法可依的历史性转变。

然而，面对日益全面、成熟和完善的社会主义法律体系，有法不依的问题却越来越突出地暴露出来。此处的“有法不依”是指法律法规对违法行为的查处有着明确具体的规定，但有关机关却置法律于不顾，完全不按照法律规范的要求来对违法行为予以查处。

有法不依在现代社会集中体现在以下几个方面：一是以权压法，以言代法，尤其是一些领导干部，自觉不自觉地把自己摆在超越法律之上的位置，遇到问题不是以法律为准绳，而是滥用行政职权，直接决策拍板定案，不按法定程序办事；二是以情代法，徇私枉法，执法行为不当地受到各种人情关系的束缚；三是以钱买法，贪赃枉法，一些执法人员把人民赋予的权力当作个人谋取私利的工具和手段；四是局部利益至上，法律唯我所用，对法律法规采取实用主义的态度，凡是对己有利的就执行，与己不利的就置之不理，大搞地方和部门保护主义。①

有法不依的后果是使法律成为一纸空文，而其根本原因在于法律信仰的缺失。进入 21 世纪之际，我国提出实施“依法治国，建设社会主义法治国家”方略，具有深远的历史意义和重要的现实意义。而要坚持依法治国，就必须倡导法律至上的精神，培养全民尤其是执法办案人员的法律信仰，“法律必须被信仰，否则便形同虚设”②。

（四）执法不严

“严格执法”是我国建设和完善社会主义法制的原则，它要求执法人员在执法过程中要严格按照法律规定和程序办案，真正做到以事实为依据，以法律为准绳。与“严格执法”相对应，此处的“执法不严”则是指执法人员因怠于执法、松懈执法、草率执法、人情执法等原因不严格按照法律规定办案最终导致处罚不当尤其是处罚过轻、不足以惩治违法行为的情况。

执法者避重就轻、错误执法是执法不严的突出表现，这必然会导致违

---

① 刘小茂：《当前有法不依的原因及对策初探》，《长白学刊》2000 年第 3 期。

② ［美］伯尔曼：《法律与宗教》，三联书店 1991 年版，第 42 页。

法者得不到应有的处罚。例如,据新华社消息称,保利地产 2010 年初在没有规划许可的情况下,擅自在广州市白云区建起了 85 栋别墅,并在接受 167 万元的罚款后为这些别墅办理了合法手续。①对于未经规划许可而修建别墅这样严重的房地产违法行为,只处以 100 多万元的罚款就将“违法别墅”转变成了合法建筑,这点象征性的罚款相比房地产企业动辄数亿、几十亿的投资和收益来说,近乎九牛一毛,完全可以忽略不计。但实际上,该处罚之所以过轻,原因并不在于立法本身存在不足,而是执法机关所依据的处罚条文不当,没有做到真正的依法处罚。我国《城乡规划法》第 64 条明确规定:“未取得建设工程规划许可证或者未按照建设工程规划许可证的规定进行建设的,由县级以上地方人民政府城乡规划主管部门责令停止建设;尚可采取改正措施消除对规划实施的影响的,限期改正,处建设工程造价百分之五以上百分之十以下的罚款;无法采取改正措施消除影响的,限期拆除,不能拆除的,没收实物或者违法收入,可以并处建设工程造价百分之十以下的罚款。”由此可见,在该事件的处理之中,如果有关行政执法机关依照《城乡规划法》严格处罚,要求保利地产限期拆除违法建设的别墅并没收其违法收入,这样的处罚并不算轻,也更能有效地阻却违法行为。正因为执法机关避重就轻,放着法律明确规定的严厉的处罚措施却不适用,这才是给人造成“处罚畸轻”“违法成本低”印象的根本原因。

执法不严的另一种常见情形是在自由裁量权非常大的情形下,执法者在行使自由裁量权的过程中,往往在法定处罚幅度内选择较低的幅度进行处罚,由此造成违法者的违法成本较低,不利于制止和减少违法行为。以环境执法为例,与其他国家甚至发达国家相比,我国环境保护法律法规的数量不

---

① 陈先锋:《广州:轻轻一罚,违建别墅变“合法”》,《新华每日电讯》2010 年 9 月 13 日第 4 版。对此,相关部门解释说,该项目在实体上符合规划要求,只是没有按照要求办理申领建设工程规划许可证程序。“联排别墅”只是“联排住宅”,不是别墅,因此不违反国家关于停止别墅用地供应的规定。蒋铮:《广州市规划局:联排别墅不算别墅》,《北京日报》2010 年 9 月 15 日第 11 版。

可谓不多，这些法律法规中所设置的环保行政处罚实施方式也多达30多项，还规定了移送公安机关等司法途径，但这些处罚中自由裁量的幅度都非常大，以罚款为例，金额从区区100元、几百元到数万元、几十万元以至于最高100万元，如此宽泛的自由裁量空间却对应着比较概括、模糊的处罚条款，如“根据不同情节”“根据所造成的危害后果给予处罚”等，这给执法者背离严格执法提供了可乘之机，很容易处罚过轻，最终造成违法成本不高的现象。

（五）违法不究

我国社会主义法治的基本要求之一便是违法必究，所有违法行为都要受到法律的追究和制裁，不允许任何个人或组织享有凌驾于法律之上的特权，坚持和贯彻法律面前人人平等的原则。如果对个别违法行为不予追究，纵容和放任违法行为，必然会使得普通人心怀侥幸心理，不惜以身试法，既给他人和社会造成一定的危害，又使得违法行为屡禁不止。

违法不究的直接表现是对违法行为的查处率低，这里面既有执法机关主观上不愿追究的原因，也有执法机关客观上不能追究的原因。以环境执法案件为例，我国环境违法犯罪查处率比较低，这是因为大多数环境违法犯罪行为都较为隐蔽，不易发现，而且环境污染行为往往并非即时完成，而是持续的污染过程，损害结果有时要经过很长一段时间后才能显现出来，由此也导致环境危害后果的发生与环境违法行为实施之间间隔时间较长，同时，环境违法犯罪案件还存在认定难，包括取证、鉴定、惩罚都存在难度，这给环境案件中依法及时追究违法犯罪人的法律责任带来一定难度，难免会造成漏网之鱼。正因为违法犯罪的查处率低，才使得平均违法成本随之降低，由此容易诱发违法者的侥幸心理，为更多违法犯罪行为的发生埋下了隐患。

（六）守法成本高

所谓守法成本，是“组织和个人为遵守法律的规定，履行法律规定的义务，进行某一行为或不进行某一行为时支付的代价”。[①]例如，一个企业如

---

① 游劝荣：《守法成本及其控制》，《国家检察官学院学报》2006年第5期。

果要合法经营,就必须依照法律规定进行注册登记并缴纳税款,由此支付的成本就是企业守法成本的一部分。如果一个企业想逃避这些必要的成本,只能走上非法经营的道路,而其逃避掉的这个守法成本,从另一个角度来看,刚好可以视作其违法行为的收益。因此,守法成本越高,一方面意味着违法收益更高,另一方面也同时使得违法成本相对更低。

对于企业来说,依法缴纳的各种税费构成最常见的守法成本,而一个国家税费负担的轻重,深受该国社会经济发展水平、宏观经济政策、税收征收管理能力以及历史税费水平、个人和企业的纳税习惯等多种因素的影响和制约。

除税费成本之外,企业在依法经营过程中所受到的诸多限制也是重要的守法成本。以典当业为例,合法经营的典当企业受限过多。作为竞争性行业,典当融资的供求关系以及行业生存、发展应由市场发挥决定性作用,但目前典当行准入管制严格,手续复杂,市场发挥作用的机制受限,特别是某些限制性制度不尽合理。例如,《典当管理办法》规定单笔房产典当业务金额不得超过典当行注册资本的 10%,按照一线城市的房价和当户的资金需求,即使注册资本 5 000 万元的中等典当行,也只能做 1—2 笔房产典当,由此给合法经营的典当企业设置了较高的守法成本,束缚了典当企业依法发展的手脚。

个人或组织的维权成本也应当是守法成本的应有之义。目前无论是通过诉讼、仲裁还是其他途径解决法律争端,当事人都要付出一定的时间和经济成本,这也是守法成本的重要内容。

可见,守法成本的高低与一个国家或地区的国情也有着密切联系,该地政治、经济、文化等方面发展的程度以及特定主体法律素养、法律意识的水平,都对守法成本造成一定的影响。

三、解决违法成本低难题的对策

违法成本低是导致违法活动猖獗、违法行为屡禁不止的重要原因,要有效地预防、减少和消除违法行为，就必须从源头上解决违法成本低的问题。

（一）推进综合治理

如前所述，造成违法成本低的原因很多，包括无法可依、法定处罚力度不足、有法不依、执法不严、违法不究、守法成本高等诸多方面，这里面既有立法的原因，也有司法和行政执法的原因，还有社会发展水平的原因，因此，仅靠一个机关或一个部门的努力根本无法解决违法成本低难题。违法成本低难题的化解是一项系统工程，需要推进社会上全方位的综合治理，既有赖于立法、司法、行政执法等方面的优化和完善，也有赖于社会政治、经济的发展和全民守法意识的增强。

（二）完善相关立法

在造成违法成本低的原因中，无论是无法可依，还是法定处罚力度不足，都是立法领域存在的问题，有待于通过完善相关立法来解决。在完善相关立法的过程中，要特别注重两件事情：一是加强和丰富立法，切实减少直至最后彻底消除无法可依的空间，破除法律盲区，确保任何违法行为都应受到追究，任何违法者都应承担相应的法律责任，堵死法律漏洞，打消违法者逃避法律制裁的投机心理；二是着重加强立法的可操作性，对违法行为的制裁措施要明确、具体、可执行、易操作，使立法通过强有力的贯彻和推行，在现实生活中真正起到打击违法犯罪、震慑投机分子的作用。

（三）提高处罚力度

法定处罚力度不足是造成违法成本低的最重要的原因，因此要解决因违法成本低而导致违法行为泛滥的问题，最直接、最有效的措施就是通过加大处罚力度的途径来提高违法成本。

事实证明，提高处罚力度确实能够有效地预防和减少违法犯罪行为。以对酒驾行为的处罚为例，对于醉酒驾驶这种极易造成交通事故从而给他人的人身、财产造成严重危害的不法行为，2011年5月1日，《中华人民共和国刑法修正案（八）》正式实施，将醉酒驾驶作为危险驾驶罪追究刑事责任。对于未造成严重后果的酒驾行为,以前一般是仅处以警告和罚款的行政处罚,最多是十来天的行政拘留,而“酒驾入刑”后,对于醉酒驾驶行为要追究刑事责任,一般会判处 1—6 个月的拘役,情节严重的,还可判处有期徒刑。处罚力度的提高直接带来了醉酒驾驶行为的大幅度下降。据统计,从 2011 年至 2017 年,在机动车、驾驶人数量分别增长 49.6%、80.6%的情况下,全国因酒驾、醉驾导致的一般、较大以上交通事故起数均下降,造成的人员伤亡数量明显减少。①

除在刑事处罚和行政处罚中通过加大处罚力度来提高违法成本的方法外,民事责任制度中适用惩罚性赔偿也不失为提高违法成本的一项行之有效的措施。

惩罚性赔偿是指由法庭所作出的赔偿数额超出实际损害数额的赔偿。根据民事责任所贯彻的填补损失的原则,一般民事赔偿都是补偿性赔偿,而惩罚性赔偿与之不同,它属于一种加重性赔偿,其特点就在于对违法行为所造成的损失进行弥补之外,对行为人进行加重处罚以防止将来再次违法,同时也达到警示他人的目的。惩罚性赔偿本是英美法系国家实行的一种制度,近年来也为我国法律所吸收。例如,我国《消费者权益保护法》第 55 条规定:“经营者提供商品或者服务有欺诈行为的,应当按照消费者的要求增加赔偿其受到的损失,增加赔偿的金额为消费者购买商品的价款或者接受服务的费用的三倍;增加赔偿的金额不足五百元的,为五百元。”这

---

① 在一般交通事故方面,“醉驾入刑”前的五年,即 2006 年 5 月 1 日至 2011 年 4 月 30 日,全国年均因酒驾、醉驾导致交通事故 6 542 起,造成 2 756 人死亡、7 090 人受伤;“醉驾入刑”后的 2011 年 5 月 1 日至 2017 年 4 月 30 日,全国年均因酒驾、醉驾导致交通事故 5 962 起,造成 2 378 人死亡、5 827 人受伤,较“醉驾入刑”前的五年分别下降 8.9%、13.7%、17.8%。在较大以上交通事故方面,2006 年 5 月 1 日至 2011 年 4 月 30 日,全国年均因酒驾、醉驾导致较大以上交通事故 60 起,造成 217 人死亡、91 人受伤;2011 年 5 月 1 日至 2017 年 4 月 30 日,全国年均因酒驾、醉驾导致较大以上交通事故 51 起,造成 191 人死亡、61 人受伤,较“醉驾入刑”前的五年分别下降 15.3%、12.1%、33.3%。参见韩丹东:《醉驾入刑七年带来哪些变化》,https://baijiahao.baidu.com/s?id=1602941822296000034&wfr=spider&for=pc,最后访问日期:2019 年 6 月 20 日。

一规定的目的就是在对受害人的损失进行补偿之外,鼓励消费者同交易中的欺诈行为作斗争,以维护全体消费者的共同利益不受侵犯。我国今后的立法应将该制度引入更多的民事责任领域。

（四）科学确定处罚幅度

尽管加大处罚力度能有效预防、制止和减少违法行为,但处罚幅度也并非越高越好。前文曾举了北京天安门广场吐痰处罚故事说明处罚力度太低会纵容、鼓励甚至诱发违法行为,但处罚幅度太高同样未必能有效制止违法行为。仍然以吐痰事件为例,2003 年“非典”之后,我国各地纷纷重视公共卫生问题,许多地方制定有关公共卫生方面的立法,从重处罚随地吐痰行为。对随地吐痰行为的罚款,有的地方规定是 50 元,上海等地方一下子提高到 200 元,但由于执行不力,对随地吐痰者追究得很少,实施效果并不理想,罚款规定沦为一纸空文。

因此,无论是在立法机关的立法过程中,还是在司法机关和行政机关的法律实施过程中,对于处罚幅度的确定要坚持科学的态度,要充分考虑以下因素:一是对于违法行为的处罚要足以令违法行为人丧失继续其违法行为的能力,包括物质意义上的能力和行动自由等;二是处罚要足以让正在准备实施违法行为的人望而却步;三是处罚应当足以补偿因其违法行为而给国家、社会和他人造成的损害;四是处罚要考虑违法行为人获利的状况;五是处罚要考虑违法行为人的财产状况及其物质能力;六是立法中处罚幅度的设定还要超前考虑法律实施的结果及其影响。①

（五）重视非金钱处罚的应用

如前所述,违法成本不只体现为罚款数额或金钱成本,违法成本是违法者为其违法行为所要付出的各种代价的总和,包括丧失人身自由、支付金钱、损失名誉等各种代价。因此,在提高违法成本时,也要综合运用多种处罚手段,充分运用非金钱处罚方式,加大非金钱成本,与罚款、没收财产

---

① 游劝荣:《违法成本论》,《东南学术》2006 年第 5 期。

等直接金钱处罚相结合,共同为预防和减少违法行为发挥作用。

在刑事责任中,除了罚金、没收财产等与金钱直接相关的处罚,还有管制、拘役、有期徒刑、无期徒刑和死刑以及剥夺政治权利、外国人驱逐出境等处罚;在民事责任中,除了返还财产、赔偿损失、支付违约金等与金钱直接相关的责任方式外,还有停止侵害、排除妨碍、消除危险、恢复原状、消除影响、恢复名誉、赔礼道歉等责任方式;在行政责任中,除了罚款、没收违法所得、没收非法财物等与金钱直接相关的行政处罚外,还有警告、责令停产停业、暂扣或者吊销许可证、暂扣或者吊销执照、行政拘留等行政处罚方式,对于违法的行政主体还可以适用通报批评、赔礼道歉、撤销违法行政行为、纠正不适当行政行为等行政责任方式。这些非金钱处罚方式的运用,对于预防和减少社会上的违法行为都发挥着积极的作用。

随着社会的发展,对于违法行为也会不断产生新的非金钱责任方式。例如,2018 年,江西省抚州市中级人民法院对时军、黄任生污染环境一案进行审理,认为两被告以营利为目的,违反国家规定,在未获得处理危险废物经营许可证的情况下,采用焚烧的方式非法处置有毒危险废物,直接向大气中排放有毒有害气体,严重污染大气环境,因此做出判决,判处两被告在焚烧危险废物的现场和周边 40 余亩土地上进行植树造林,养护 3 年,并对涉案全部危险废物及其残渣依法进行无害化处置。①该处罚中"植树造林"的责任承担方式即是近年来在生态环境污染案件中适用得越来越多的生态修复责任的一种。生态修复责任的承担方式种类繁多,目前主要方式有补种复绿、修复生态环境、土地复垦、增殖放流以及间接修复等。②在环境致害等案件中,非金钱处罚方式有着广阔的发展空间。

---

① 周再奔、葛明、袁春华:《被责令植树造林并赔偿　江西首例检察机关提起的环境公益诉讼案宣判》,http://jiangxi.jxnews.com.cn/system/2018/02/22/016765569.shtml,最后访问日期:2019 年 6 月 20 日。

② 蒋兰香:《生态修复的刑事判决样态研究》,《政治与法律》2018 年第 5 期。

（六）加大执法力度

“徒法不足以自行”，即使是立法明确规定了科学而严厉的处罚措施，如果没有切实的推行措施，也会使得立法成为具文。

以全国各地对燃放烟花爆竹的管理为例，春节或其他节日期间燃放烟花爆竹是千百年来我国老百姓的生活习惯，但为了解决日益严重的环境污染问题，又不能不对烟花爆竹燃放行为进行一定的限制和规范。自20世纪八九十年代起，中国各大城市曾陆续颁布烟花爆竹的“禁燃令”，但禁放效果都不理想，有的地方甚至不得不“顺应民意”而对“禁燃令”予以废止。与其他城市一样，上海也曾出现过“禁燃令”与民俗民意相悖的争议，而且以前相关条例中“禁止在内环线以内区域燃放烟花爆竹”的规定形同虚设，实施效果相当不好，违法燃放烟花爆竹的行为比比皆是。所以，当2015年出台《上海市烟花爆竹安全管理条例》这样一部“史上最严”禁燃令后，人们对其实施效果充满怀疑和担忧。然而，在各方的共同努力下，《上海市烟花爆竹安全管理条例》的实施效果给了人们一个惊喜，条例实施几年来，上海外环以内基本实现了烟花爆竹的“零燃放”，该条例顺利实施的重要原因之一就在于有关部门实施前对条例的广泛宣传和实施中的严格执法。最近，上海市正在大力推行生活垃圾分类管理制度，根据2019年7月1日起即将施行的《上海市生活垃圾管理条例》，产生生活垃圾的单位和个人是生活垃圾分类投放的责任主体，应当将生活垃圾分别投放至相应的收集容器。对违反该条规定的单位和个人，由城管执法部门责令立即改正；法律责任是，拒不改正的，对单位处五千元以上五万元以下罚款，对个人处五十元以上二百元以下罚款。该条例中所规定的处罚力度是明确且比较科学的，但能否切实实施尚有待于有关部门的严格执法。

此外，在解决违法成本低难题的过程中，还应重视降低守法成本和维权成本。守法成本的降低会直接降低违法行为的收益，在违法成本不变的情形下，面对守法成本的降低，违法者从趋利避害的本性和利益最大化的追求出发，只能做出减少或放弃违法行为的选择。例如，2019年，国家发改委、工信部、财政部、央行联合提出继续推动大规模减税和降费，降低全社会各类营商成本，新一轮 3 000 亿元减税降费将为实体经济赋能，对于有效降低守法成本将起到积极作用。同时，维权成本的降低将会使违法行为的受害者更主动地拿起法律的武器，积极追究违法行为者的责任，维护自身的合法权益，这也必将提高违法者的风险和成本，对于预防和减少违法行为同样起到促进作用。

执笔人：孟祥沛

新市场环境下我国典当行风险治理研究

市场环境深刻变化的背景下，业务规模萎缩、盈利能力下降，典当行正面临持续发展的考验；监管环境深刻变化的背景下，松散的治理结构，落后的管理，能否符合监管的要求，典当行正面临生存的考验。问题的根源在哪，解决之道在哪？笔者通过对典当行业发展现状、市场环境和监管环境的深入剖析，指出风险治理既是目前典当行发展受困的根源，也是解决典当行生存与发展问题的关键所在。笔者借鉴银行业风险治理的理论和经验，结合典当行、典当业务特点以及典当监管要求，提出新环境下典当行风险治理的基本原则和“1234 风险治理策略”建议，在典当行风险管理体系、风险治理架构、风险治理的关键环节和重要风险管理活动等方面提出了自己理念联系实际的观点，并创新设计了基于流动性风险资本计量的风险偏好管理框架模型，对“老板文化”“审贷合一”、风险计量与监测职责缺失等典当行业普遍存在的现象、做法和问题进行了深刻的反思。希望这些思考、观点和建议能对典当行提高风险管理和经营管理水平有所帮助，希望能对典当行业突破目前发展困局有所帮助。

一、这是一个什么样的时局

（一）行业发展陷入困局

随着中国社会、经济进入新常态，我国典当行业在经历了约十年高速发展之后，于 2014 年前后，进入了艰难的调整时期，如下图 1—4 所示，2014—2018 年间，我国典当企业数量增加了约 1 083 户，注册资本规模增加了约 290 亿元，增幅约五分之一，但是，同期业务规模（典当总额）却缩减了约 950 亿元，降幅约四分之一；典当人员也减少了 2.3 万人，降幅超过三分之一；当前典当企业亏损面约为三分之一，我国典当行业正处于发展困局之中。

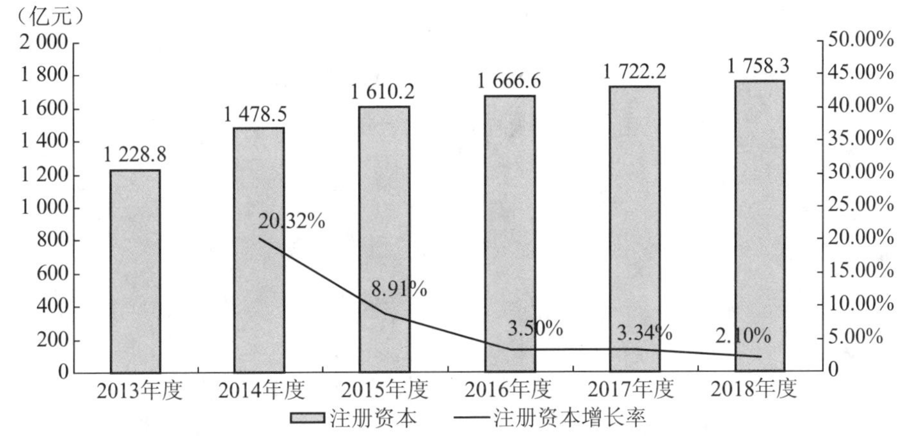

图 1　中国典当业注册资本及增长率

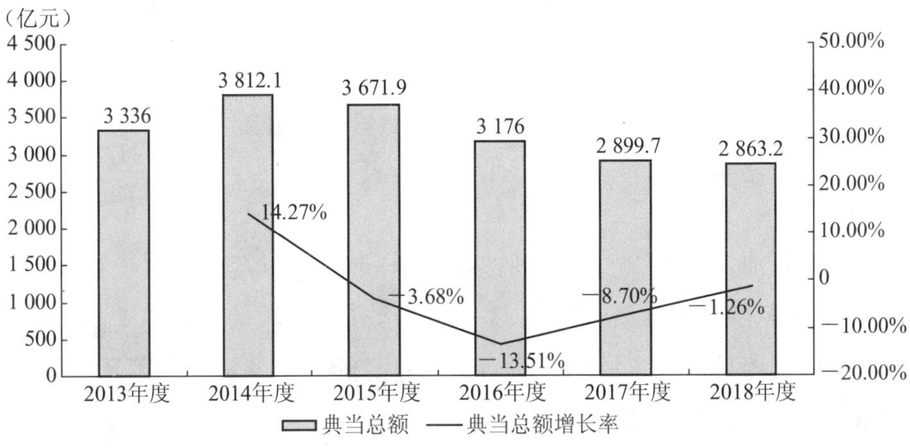

图 2　中国典当总额及增长率

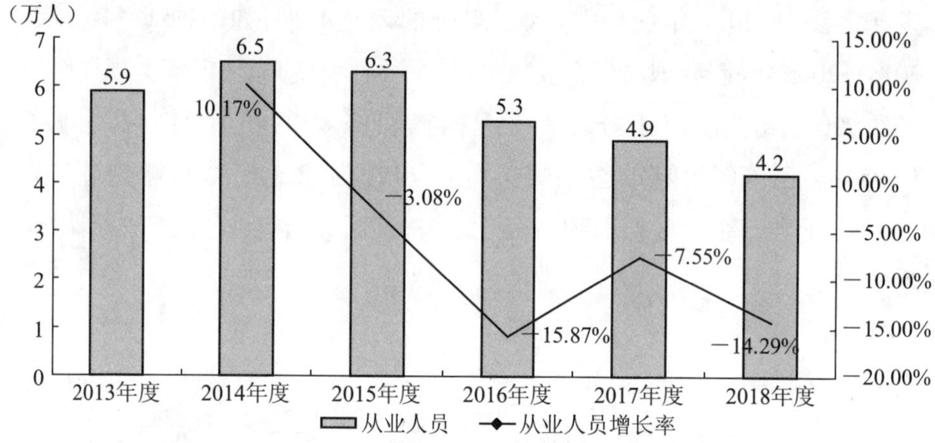

图3　中国典当业从业人数及增长率

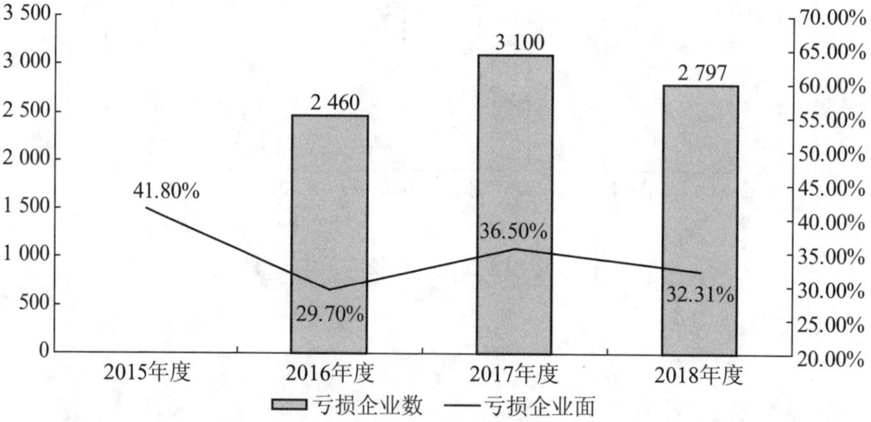

图4　中国典当业亏损企业数与亏损企业面

资料来源：国家商务部网站。

造成行业发展停顿的原因多种多样，每家典当行都有自己一本“难念的经”，但是，典当行业自身的能力不能适应外部环境的变化的要求，这才是行业发展停顿的根本原因。典当行业自身能力不能适应外部环境变化要求，具体有两方面表现：

一是风险管理能力不能适应传统市场风险环境的变化，造成资产质量下降,盈利能力下降。如图 5 所示,2018 年度,典当行业资产收益率(ROA=净利润/资产总额)指标下降了一半;如图 6 所示,近三年典当行业逾期率也呈逐年上升之势。

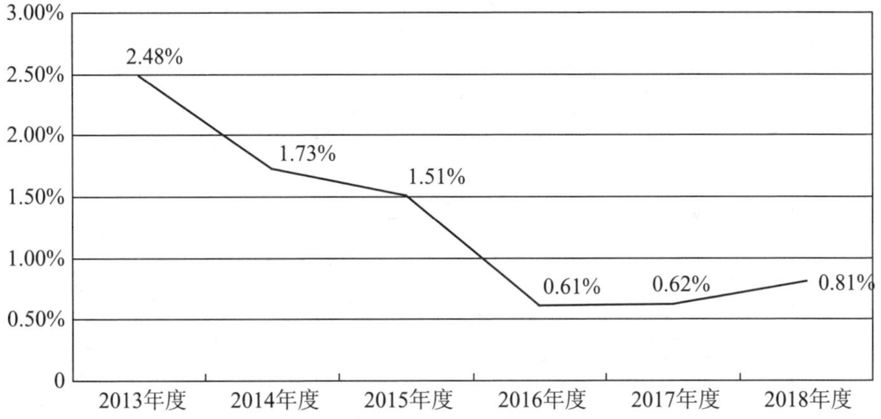

图 5　中国典当业资产收益率

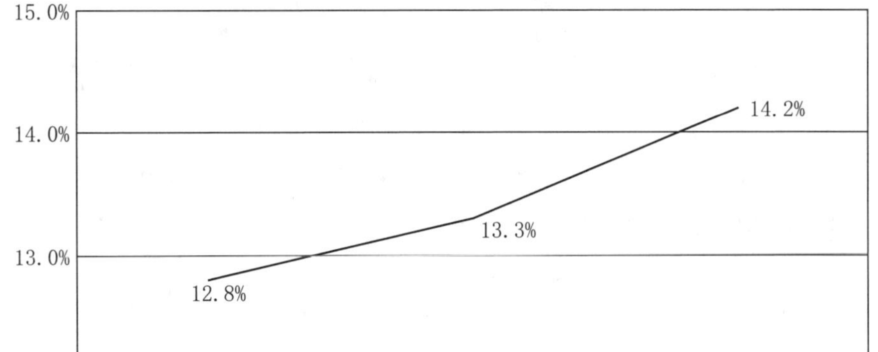

图 6　中国典当业逾期率

二是没有能力根据经营环境和风险环境的变化,及时调整风险偏好,进入新的目标市场"自由地呼吸",只能待在原有市场的夹缝中"苟延残喘"。如图 7 所示,近三年来,典当行业在当余额占总资产的比例不到

60%，比 2014 年末下降了 13 个百分点，这意味着有 40%左右的资金是闲置的（典当行资产结构单纯，长期资产占比很小），资金闲置，表面看是资产获取能力不足，其实，深层原因是，随着互联网金融、其他金融机构特别是银行普惠业务的发展，典当传统市场被挤压，同时又没有调整进入新的细分市场。通俗地讲，就是典当的钱没处投放。

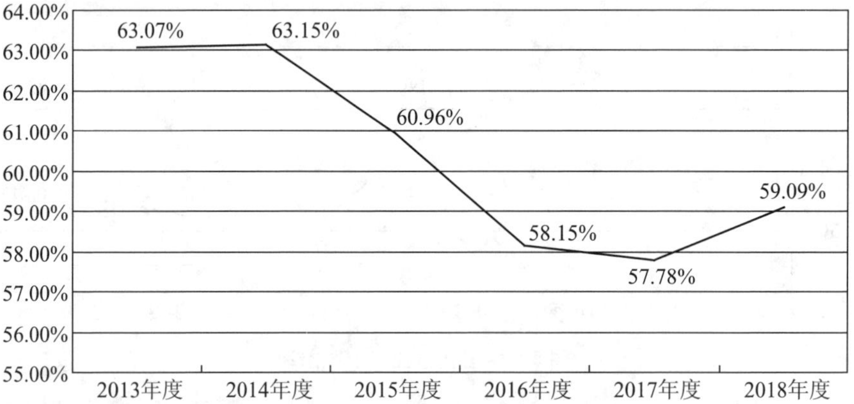

图 7　中国典当业在当余额占总资产比例

典当行业长期以来缺乏对自身行业风险环境、风险类型、风险特征、风险分布、风险成因等风险规律的研究，大部分典当企业受制于风险认识上的不足与风险管理专业人才的短缺，未能按照金融机构的风险管理的基本要求建立健全典当行的风险治理结构和风险管理体系。缺少对风险的足够认知、缺少科学的风险治理架构、缺少体系化的风险管理，典当行业焉能持续发展！

（二）银行业金融机构“大象转身”，典当传统市场空间被严重挤压

在行业艰难“爬坡”的同时，金融市场也悄然发生着深刻的变化，其中对典当市场影响最大、最深远的，当属银行业务向零售、普惠端的下沉，市场上称这一现象为银行业的“大象转身”。零售银行业务以服务个人和小企业为主，是银行优质资产的来源，让更多的社会居民和小微企业，更加便利地得到银行业服务，是银行业发展的方向、趋势和行业发展的内在要求。但是受信用风险高、运营成本高、资产获取难以及机会成本高等因素的制约,我国银行零售业务发展不够充分。随着零售业务市场的不断发育成熟,加之,金融科技的进步,供应链金融、生态圈金融理念的深入发展,银行零售业务的成本效益约束条件被打破,风险高、市场难的两大问题得到有效解决,银行业务向零售端,向普惠金融方向加速发展。同时,国家也在政策层面积极引导银行业向普惠金融方向发展。

2017 年 5 月 3 日,李克强主持召开国务院常务会议,明确要求大型商业银行 2017 年内要完成普惠金融事业部设立。在《2019 年国务院政府工作报告》中也明确要求:“完善金融机构内部考核,激励加强普惠金融服务,切实使中小微企业融资紧张状况有明显改善。”目前我国五大商业银行全部建立了普惠金融事业部,进行单独的核算、运营和考核,2018 年上半年,5 家大型银行个人贷款达 21.02 万亿,同比增长 16%。其中,中国工商银行明确提出要全力推行智慧零售战略,中国建设银行全面实施“零售优先”战略。从股份制商业银行看,2018 上半年零售业务收入高歌猛进,7 家上市股份制商业银行(不含华夏银行和浙商银行)零售业务收入总计 2 220.7 亿元,较上年同期增长 17.2%。此外,一些中小城商行、农商行,也纷纷借助合作渠道发力零售业务,零售客户数量、信贷规模、盈利增长等指标都显著高于全行平均水平。

典当行业功能定位是服务社会居民的一般性消费和中小微企业的经营性融资需求,在服务对象上与银行零售业务高度一致,在市场细分和产品的差异化上,典当行作为银行业务的拾遗补阙者,其业务主要是银行“不愿意做”,或者银行“来不及做”的业务。然后,“大象转身”后,以前受风险和成本因素的制约,银行“不愿意做”或者“来不及做”的业务,可能变成银行“愿意做”和“来得及做”的业务了,如图 8 所示。换而言之,典当行传统市场空间被挤压了,典当行业需要重构风险承受能力,调整风险偏好,重新规划自己的市场定位了。

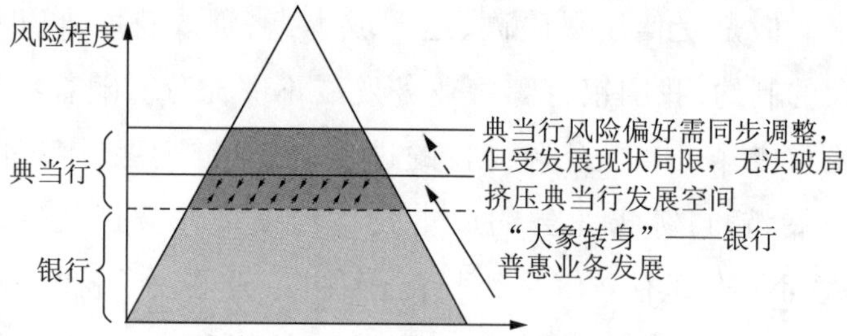

图8 "大象转身"对典当市场影响示意

（三）行业监管环境深刻变化

2018年4月20日起，根据全国金融工作会议及中央有关文件确定的监管职责分工，典当监管部门由商务部划至银保监会。对于典当行业而言，这不是简单的监管部门调整，而是在中央高度重视防控金融风险，加强金融监管，将金融维稳纳入中央"六个稳定"（稳就业、稳金融、稳外贸、稳外资、稳投资、稳预期）方针的大背景下的典当监管体制的重大调整，典当行的身份也从金融"游击队"转变为金融"地方军"，这一调整将对典当业的发展将产生重大的影响。典当监管体制转变后，银保监会管典当政策，地方金融监管局负责典当日常监管，典当监管理念、监管思路、监管手段、监管方法较之商务部门会有很大改变。

目前银保监会对典当业的监管思路是"扶优限劣，减量提质"，优劣的主要标准就是经营的规范程度。2019年3月份银保监管提出《典当行监管管理办法》（征求意见稿）对《典当管理办法》（商务部、公安部令2005年第8号）进行修订，征求意见稿在现行《典当管理办法》基础上，体现了从严监管的思路。

在2019年2月份召开的北京市第一次金融监管工作会议上，北京市地方金融监督管理局对典当行等地方金融企业提出了"十管"要求：一管准入、二管资本、三管治理、四管风险、五管合规、六管人员、七管业务、八管统计、九管运营、十管技术。近日北京市地方金融监督管理局出台《北京市典当行监督管理办法（试行）》（征求意见稿），其中"第六章　公司治理和内控制度”，增加了要求典当行建立健全公司治理架构，建立风险治理体系，建立内部控制体系，建立信息披露制度等内容。5月份，上海市也发布了《关于规范典当、商业保理、融资租赁等监管意见》，其中第一条第（四）款要求“本市三类机构应当完善公司章程，建立健全以股东（大）会、董事会（执行董事）、监事会（监事）、高级管理人员为主体的组织架构，并应当对各主体之间相互制衡的责、权、利关系做出制度安排，切实保障建立明晰的治理结构、科学的决策机制、合理的激励机制和有效的约束机制”。第（五）款要求“本市三类机构应当建立并执行健全有效的项目评审、风险管控、财务管理等方面内部控制制度、程序和方法，切实形成对各类主要风险进行事前防范、事中控制、事后监督纠正的动态机制和过程”。第（六）款要求“本市三类机构应当加强从业人员管理及培养教育，着力配备具有金融、贸易、法律、会计、鉴定、评估等专业知识技能和从业经验并具有良好从业记录的人员”。

无论是银保监会还是地方监管部门，都释放出明确的加强典当监管的政策信号，从经营规则、经营限额监管，增加到管治理、管风险、管人员、管运营，今后对典当行业的监管将是从资本到组织，从架构到机制，从风险到运营全方位、立体式的监管。

市场环境和监管环境的变化，需要典当行业根据自身的能力和条件调整自己的风险战略和风险偏好，细分市场，调整产品定位，加强公司治理和风险治理，提高风险管理能力，从而突破行业发展困局，实现典当行业转型升级发展。对于典当行业和典当企业，是时候好好研究风险治理了。

二、何为风险治理

狭义上理解，风险是指经营活动中，因不确定因素的影响，而遭受经济损失或不能取得额外收益的可能性。风险管理是指为了最大限度地减少因承受风险而可能遭受的损失，运用各种风险管理方法和工具，对风险进行识别和分析、评估和计量、监测和报告、控制与缓释等行为过程。现代风险管理强调风险管理体系建设,风险管理体系是风险管理所应涵盖的基本要素的有机组合,是对各类风险进行有效识别、计量、监测、控制的坚实保障,是对风险管理基本理念、方法、流程、工具的基本要求,包括良好的风险治理架构、明确的风险偏好、稳健的风险文化、严格的风险限额、清晰的风险政策和流程、高效的风险数据与IT系统、有效的内部控制和内部审计。

风险治理是风险管理体系的框架和基础,不建立科学的风险治理框架,将无从建立风险管理体系,将无法实现有效的风险管理。风险治理是董事会、高级管理者、业务部门、风险管理部门在风险管理上的职责方面相互衔接、有效制衡的运行机制。风险治理内容包括风险管理组织架构、各级风险管理组织的职责边界、各级风险管理组织的运行机制、各级组织间的组织沟通以及相互制衡机制。

现行《典当管理办法》对典当行风险治理结构并没有明确的要求。2013年银监会印发的《商业银行公司治理指引》要求,金融机构健全的风险管理组织架构通常包括董事会及其风险管理委员会、监事会、高级管理层、风险管理部门。2016年9月,银监会印发的《银行业金融机构全面风险管理指引》对银行业金融机构的风险管理各级组织职责进行了明确。

董事会对商业银行风险管理承担最终责任,负责风险偏好等重大风险管理事项的审议、审批,对银行承担风险的整体情况和风险管理体系的有效性进行监督。董事会应当根据银行风险状况、发展规模和速度,建立全面的风险管理战略、政策和程序,判断银行面临的主要风险,确定适当的风险容忍度和风险偏好,督促高级管理层有效识别、计量、监测、控制并及时处置商业银行面临的各种风险。董事会及其风险管理委员会应当定期听取高级管理层关于风险状况的专题报告,对商业银行风险水平、风险管理状况、风险承受能力进行评估,并提出风险管理意见。

监事会在风险管理方面,对商业银行的经营决策、风险管理和内部控制进行监督检查并督促整改,承担银行全面风险管理的监督责任。

高级管理层向董事会负责，是商业银行的执行机构，负责根据业务战略和风险偏好组织实施资本管理工作，确保资本与业务发展、风险水平相适应，落实各项监控措施，定期评估资本计量高级方法和工具的合理、有效性。银行高级管理层履行以下职责：一是建立适应全面风险管理的经营架构，明确全面风险管理职能部门、业务部门以及其他部门在风险管理中的职责分工，部门之间协调、制衡的运行机制；二是制定清晰的执行与问责机制；三是根据董事会设定的风险偏好，制定风险限额；四是制定风险政策和程序；五是评估全面风险和各类重要风险管理状况并向董事会报告；六是建立完备的管理信息系统和数据质量控制机制；七是对突破风险偏好、风险限额以及违反风险管理政策和程序的情况进行监督、问责；八是风险管理的其他职责。

风险管理部门是在高管层的领导下，负责建设完善包括风险管理政策制度、工具方法、信息系统在内的风险管理体系，组织开展各项风险管理工作，对银行所承担的风险进行识别、计量、监测、控制、缓释以及风险敞口的报告，促进银行稳健经营、持续发展。

三、典当行风险治理现状

2018 年末，全国典当企业 8 657 户，平均单户注册资本 2 031 万元，年平均单户典当总额 3 307 万元，年末平均单户在当余额 1 139 万元，平均单户从业人数 4.9 人。即使行业内规模较大的典当行，从事典当业务的员工一般也不超百人规模。由于资本、业务和人员规模的限制，典当行业总体风险治理水平落后，风险治理现状存在四个方面缺失：

（一）董事会缺位，老板文化盛行，风险战略管理缺失

很多典当行所有权与经营权没有分离，董事会缺位，经营权通常由股东行使，在典当行事务管理上，大到风险偏好，小到项目审批都由老板“一竿子插到底”。由于董事会缺位，老板文化代替典当行风险文化，老板风险

偏好代替典当行风险偏好，典当行应有的风险偏好声明、风险政策、风险限额、风险体系建设等风险战略管理活动严重缺失。

（二）风险管理过程不完整，风险计量和监测缺失

完整的风险管理包括对风险进行识别和分析、评估和计量、监测和报告、控制与缓释等行为过程，但是大多数典当行的风险管理只是对常见风险的一般识别和常规控制，没有完整的风险应对策略，特别缺少对风险计量与监测。大多数典当行缺少对风险环境的系统分析，没有根据风险类型，绘制清晰的风险地图；缺少必要的风险管理工具和方法，没有建立风险分类分级标准，不能对风险进行科学的计量和评估；更缺少风险监测和报告体系，对风险不能做到“先知先觉”，只能在风险暴露后，被动地“后知后觉”。

（三）风险管理部门角色错位，两道风险“防线”缺失

由于典当业务操作的时效性要求较高，一般典当行采用“审贷合一”的项目评审制度，典当项目的调查由风险管理部门与业务部门共同完成，并由两部门共同设计项目操作方案、完成项目评审。这种做法，虽然提高了项目审核的时效性，但是，却让风险管理部门角色错位，独立性受损。风险管理部门从风险政策的制定者、解释者，成为风险政策的执行者，通俗地说，就是“既当裁判员，又当运动员”，风险管理部门变成“半个业务部门”，与业务部门共同成为了风险的承担者，其作为“风险管理第二道防线”的积极作用因此被削弱。另一方面，“审贷合一”制度，也使得作为风险承担者的业务部门的责任意识被削弱，责任边界模糊，风险管理流程上的“第一道防线”因此被严重削弱。

（四）风险管理各级组织责、权、利失配，绩效考核对风险管理的引导机制缺失

大多数典当行没有很好开展组织绩效管理，组织责、权、利不对等，由于缺少清晰的风险偏好声明和风险分类分级标准，一、二道风险防线责任边界不清，造成了不知是“谁产生了风险”，不知有什么样“明确的后果”。

在绩效管理上表现为重投放，轻风险，或风险考核权重过低，或风险考核指标定义不清，或指标计算复杂，没有充分发挥绩效考核对风险管理的引导作用。

四、典当行如何做好风险治理

风险战略与业务战略是同一事物的两个方面。缺少科学有效的风险治理，就不能因时而变、因势而动，在典当市场环境变化时，调整风险偏好，调整目标市场和业务结构，做到“明象位，立德业”，就不能满足新的监管要求，能做到合规经营。

是时候考虑如何做好典当行自身风险治理了。

典当行加强风险治理必须坚持四项原则：

一是必须坚持按风险管理的科学规律开展风险治理。风险是金融企业的经营对象和经营内容，风险管理是金融企业一切管理的核心，风险管理有其内在的规律。典当行必须改变长期以来凭借老板和经营层的经验开展风险管理的作风，提高对风险管理的敬畏之心，加强对风险管理规律学习，自觉地按照风险管理规律开展风险治理，提高风险管理能力和水平。

二是必须坚持因地制宜，按典当业务规律和典当行自身经营特点开展风险治理。典当业有着经营灵活的业务特点，典当行也存在风险资本规模小、风险等级高、风险管理工具少等特点。典当行在借鉴银行等金融机构风险治理的理论与经验同时，必须充分研究行业风险特点和风险管理环境，切合实际地开展风险治理。

三是必须坚持合规性原则，开展风险治理。典当行作为金融企业将面临越来越严格的监管要求，合规性要求将被提到更高的位置，因此，典当行的风险治理必须符合监管的要求。

四是必须坚持成本效益原则，开展风险治理。管理是需要成本的，风险治理既要满足有效性目标，又要促进业务发展，同时，还应受到成本效益的约束。

综合典当行业风险治理现状、外部环境要求,以及行业风险管理特点,结合银行业风险治理理念、经验以及典当行业现实条件,笔者提出“1234 风险治理策略”建议:

(1) 建立好一个风险管理体系。

(2) 建设好两个组织。

(3) 修筑好三道“风险防线”。

(4) 抓好四项重点风险管理工作。

(一) 建立好一个风险管理体系

风险管理体系是风险管理所应涵盖的基本要素有机组合。风险治理结构是风险体系的基础框架,同时,完善的风控体系是风险治理机制得以有效运行的保证。因此,建立一个有良好的风险治理结构、明确的风险偏好、稳健的风险文化、严格的风险限额、清晰的风险政策和流程、高效的风险数据与 IT 系统,有效的内部控制的风险管理体系,是风险治理的目标所在。建立风险管理体系,要将信用风险、市场风险、操作风险、流动性风险等全部风险集中统筹管理;将资产风险和负债风险统一管理;将风险管理贯穿于业务各个环节和全部流程;将风险管理职责落实到全体员工;将风险识别、评价、监测与报告作为风险管理体系必不可少的环节。

(二) 建设好两个组织:董事会和风险管理部门

建设好董事会。董事会是典当行战略管理机构,应当履行典当行风险战略规划的职责,对典当风险管理承担最终责任。董事会应当负责风险偏好等重大风险管理事项的审议、审批,根据典当行风险状况、发展规模和速度,建立全面的风险管理战略、政策和程序,判断典当行面临的主要风险,确定适当的风险容忍度和风险偏好,督促经营管理层有效识别、计量、监测、控制并及时处置各种风险。董事会应当定期听风险管理部门关于典当行风险状况的专题报告,对典当行风险水平、风险管理状况、风险承受能力进行评估,并提出风险管理意见。为此要按照公司治理要求,建立典当行董事会科学合理的运行机制，保障董事会风险战略管理职能的充分发挥。

建设好风险管理部。风险管理部门应当是典当行风险管理战略的组织实施部门，负责建设完善包括风险管理政策制度、工具方法、信息系统在内的风险管理体系，组织开展风险识别、计量、监测、控制、缓释以及风险敞口的报告等风险管理活动。风险管理部应当完善其应有的、针对风险的全面管理职能，而不是作为“半个业务部”，仅仅负责业务审核。在人才匹配上，要提高风险管理人员的风险管理专业素质要求，改变“懂业务即懂风控”的浅薄认识，加快风险管理人才队伍建设。

（三）修筑好三道“风险防线”

巴赛尔委员会2015年发布《银行公司治理原则》强调“三道防线”在风险管理流程中的重要作用。风险管理“三道防线”是指在银行内部构建三支对风险管理承担不同职责的团队或管理部门，相互协调配合，分工协作，并通过独立、有效的监控，提高风险管理的有效性。这项原则对典当行有积极的参考、借鉴意义，典当行也应当建立自己的“三道防线”。

明确业务部门风险承担者的角色，将其作为第一道风险防线，负责识别、评估和报告风险敞口。业务部门处于市场一线，对其业务活动所承担的风险实施积极、主动的管理，切实理解、遵守风险偏好、风险限额、风险指引等风险政策，及时报告、主动化解业务开展中的风险。落实好业务部门的第一道风险防线，才能真正实现风险前置管理。

坚持风险管理部门的独立性，修筑风险管理第二道防线。风险管理部应当通过独立的项目评审，对业务部门承担的风险水平进行识别、计量、监控、报告，控制业务部门过度承担风险；风险管理部门应当对业务活动提供专业支持；风险管理部门还应当对业务活动负责独立的合规审核。风险管理部门第二道风险防线作用不仅仅只限于其对业务项目所进行的独立评审和合规性审核，还必须重视、加强风险管理部门风险监测和报告的职能建设，从而形成风险事前预警、事中管理控制和事后监督与纠正的动态机制。

银行机构风险管理的第三道防线是内部审计,一般典当行组织规模较小不具体设置内部审计部门条件,典当行第三道防线,可以由董事会代为行使。董事会定期对风险管理政策、流程进行有效性评价,定期听取管理层的风险管理报告,对风险管理活动的有效性进行评价和监督,从而实现第三道风险防线。董事会代替内部审计,不仅起到了第三道防线的作用,而且还实现了董事会对风险管理过程的闭环管理。

三道防线构建工作中,要特别强调责、权、利匹配的问题,加强绩效管理在风险治理中的引导作用。

(四)抓好四项重点风险管理工作

1. 抓好风险偏好管理

风险偏好是董事会在考虑利益相关者期望、外部经营环境以及自身能力与条件的基础上,最终确定的典当行愿意且能够承受的风险类型和风险总量、风险范围和风险水平。风险偏好是典当行对风险的态度和“风险胃口”,是风险战略内容和目标的外化形式。没有明确的风险偏好,风险管理将失去目标和方向,因此典当行必须编制明确的风险偏好声明,详细陈述典当行风险偏好、风险容忍度、清晰列示风险限额指标体系等。

需要注意的是,风险偏好不是公司高管或股东的个人风险喜好。如图9所示,风险偏好是由风险管理水平、资本水平共同决定的,不同资本规模、不同资本收益率要求,不同的风险管理能力和水平决定着不同的风险偏好、不同的风险限额要求。因此,风险偏好管理应当建立在风险评估与资本评估的基础之上,并且建立内部经济资本计量模型,搭建风险与资本的数量关系,从而指导主要风险限额指标的过程,确定清晰、科学的风险偏好声明。

流动性风险是各种风险在流动性上的综合反映,是所有风险中的“终结者”。相对于银行业,典当业务市场风险透明,利率、汇率、股票指数等市场价格变化对典当行风险影响有限,而且其影响程度难以计量,因此,在计量典当行流动性风险资本时,笔者将市场风险资本忽略不计,主要计算信

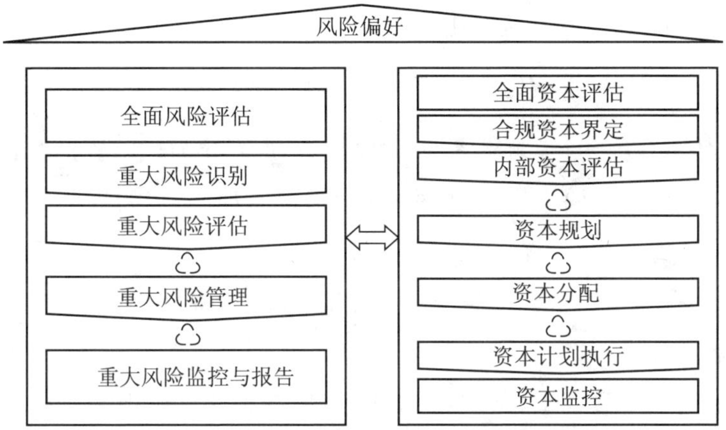

图 9　风险偏好

用风险资本和操作风险资本。信用风险资本的主要影响指标有客户违约率(PD)、违约损失率(LGD),操作风险资本的影响指标有资产规模和内部损失率。

在这些基础上,笔者构建起典当行一年期流动性风险资本模型:

流动性资本供给=流动性风险资本需求,即

现金头寸+资本工具=信用风险资本+操作风险资本+市场风险资本(忽略)

信用风险资本=资产规模×客户违约率×违约损失率

=自有资本×杠杆率×(1-资金闲置率)×客户违约率(PD)

×违约损失率(LGD)

操作风险资本=资产规模×内部损失率

(根据 2017 年发布的《巴赛尔Ⅲ最终方案》规定的操作风险计量新标准法,银行风险最低资本要求 ORC=业务规模参数(BIC)×内部损失乘数(ILM),笔者在构建典当行操作风险资本计量模型时,作了调整,用资产规模代替 BIC,操作风险内部损失率代替内部损失乘数。)

同时,根据风险中性定价原理,无风险资产的预期收益与不同等级风

险资产的预期收益是相等的，即

$$(1-P)(1+K)+P(1+K)\times\theta=1+I\text{，即 }P=(I-K)/(1+K)(\theta-1)$$

P 为风险资产的违约概率，K 为风险资利率，θ 为风险资产的回收率，i 为期限一年的无风险资产的收益率。根据该原理，一定的资产价格对应一定的客户违约概率，这样，就实现了资产收益率与资产风险的关联，从而实现了资本、资本本回报、资产收益率、杠杆、风险概率、风险损失率等多因素之间的数理关系。

从而可以建设资本与风险的关系模型，并在此基础上进行风险偏好框架搭建。

$$\text{现金头寸}+\text{资本工具}=C\times G\times(1-X)\times[(I-K)/(1+K)(\theta-1)\times(1-\theta)+N]$$

C：自有资本额

G：杠杆率（可用权益乘数计算）

X：资金闲置率（可通过运营资金周转率计算）

I：无风险资产价格（可用银行一年期抵押贷款利率）

K：资产风险价格（典当业务综合费率）

θ：一定期限风险资产处置回收率

N：操作风险损失率

通过这个模型，可以将典当行业务战略、风险战略、资本战略与业务风险定价、风险计量有机结合起来，打通资本、风险、收益三者之间的关节，从而制定科学合理的风险偏好管理框架。

2. 抓好审贷分离，做好当前风险管理

目前典当行业内普采用“审贷合一”的业务审核制度，由业务人员与风险管理人员一同开展项目尽职调查，共同评估风险，共同设计项目操作方案和风险控制措施。这种制度之所以流行于典当行业，有其一定的合理性。一是符合典当业务快速操作的要求，典当业务从申请立项到放款，时间周期一般在一周之内，甚至更短时间，留给项目现场调查和评审的时间更短，将风险管理部门后期的形式审核提前到项目前期的现场调查，实施“审贷合一”，可以提高项目审核的效率，缩短操作时间。二是业务部门与风险管理部门共同调查，形成相互制衡机制，可以一定程度规避道德风险，提高调查的质量。

正是存在上述合理性，“审贷合一”办法的弊端往往被忽视。其一，破坏了风险管理的第一道防线。业务部门本应该是明确、不可推卸的风险的承担者，应当承担业务风险的识别、评估和报告责任，充当风险管理第一防线。但是，由于风险管理部门也参与了风险的实质性调查，风险管理部门也同时成为风险的承担者，第一风险防范责任变得模糊，业务部门的风险意识下降，操作风险反而提高，一旦出险容易出现两个部门相互扯皮现象。其二，破坏了风险管理的第二防线。风险管理部门应当独立于风险承担部门，对业务部门承担风险的状况进行独立的监控、评估报告，并提供专业支持，从而构建风险管理的第二道防线。由于“审贷合一”风险管理部门成为“半个业务部门”，独立监控职责被削弱，同时，风险管理的监测与报告职能也因此弱化。其三，业务调查、审核相关管理的流程化、标准化、规范化建设受到影响。因为风险管理部门也参与业务实质性调查，其身份既是“裁判员”，又兼“运动员”，对贷前风险的“法治”管理由风险管理人员的“人治”管理代替，贷前风险管理的体系化、标准化、规范化建设的内在要求减弱。其四，对于业务量比较大的典当行，业务人员需要预约风险管理人员时间，组成联合调查组开展项目调查，因时间关系，往往不能及时开展联合调查，影响业务人员市场响应速度，影响市场拓展，还会增加两个部门的沟通成本。

因此，典当行应加强贷前风险管理的体系化、标准化和规范化建设，坚持“审贷分离”制度设计，明确业务与风险管理部门的职责边界，构建两道坚实的风险防线。

3. 抓好风险监测与报告，建立风险预警机制，对风险做到“先知先觉”

“重投放、轻管理”“重当前，轻当后”现象在典当行业普遍存在，这些

表1　典当业务风险地图(示例)

风险类别			风险点	重要程度	风险表现	识别要点	风险管理策略	控制与缓释措施
信用风险	客户风险	借主体资格风险	身份证明不实	5	假身份证	公证处比对	风险规避	尽调指引、贷后管理指引、审批流程
			联系方式不实	5			风险规避	
			居住地址不实	5			风险规避	
			婚姻关系不实	5			风险规避、转移	
			年龄过大、过小	3			风险补偿、转移	
			健康状况不良	3			风险规避、转移	
			残疾、精神等,民事行为能力受限	5			风险规避	
			社会关系、声誉不实	3			风险规避	
			涉黑、赌、毒、刑	5			风险规避	
		征信不良风险	征信报告不实	5			风险规避	限额、限期
			征信报告不良	5			风险补偿、转移	
			涉诉	5			风险规避、转移	
		偿债能力不足风险	资产规模不实	4			风险补偿、转移	限额
			资产流动性不足	4			风险补偿、转移	
			净现金流不足	4			风险补偿、转移	
			隐性负债	4			风险补偿、转移	
			表外负债	4			风险补偿、转移	

续表

风险类别			风险点	重要程度	风险表现	识别要点	风险管理策略	控制与缓释措施
信用风险	客户风险	偿债能力不足风险	或有负债	3			风险补偿、转移	
			即将到期的长期负债	3			风险补偿、转移	
			资本不实	3			风险补偿、转移	
			盈利能力不足	3			风险补偿、转移	
			开工不足	3			风险补偿、转移	
			产能过剩或不足	3			风险补偿、转移	
			关键技术、供应链、渠道受限制	3			风险补偿、转移	
			融资受限	3			风险补偿、转移	
	债项风险	借款用途	用途不实	5			风险规避、转移	
			用于高风险领域	5			风险规避、转移	
			用途项目法律可行性不足	5			风险规避、转移	
			用途项目经济可行性不足	5			风险规避、转移	
			用途项目技术可行性不足	4			风险规避、转移	
		还款来源	还款来源不实	5			风险规避、转移	
			还款来源不可靠	5			风险规避、转移	
			还款来源不明确	5			风险规避、转移	
			还款来源不足	5			风险规避、转移	
		抵质押物	权属不实（赠予、继承不实）	5			风险规避、转移	

续表

风险类别			风险点	重要程度	风险表现	识别要点	风险管理策略	控制与缓释措施
信用风险	债项风险	抵质押物	权属有瑕疵，不利处置	5			风险规避、转移	
			权属沿革瑕疵	5			风险规避、转移	
			担保物权利受限	5			风险规避、转移	
			共同权利瑕疵	5			风险规避、转移	
			担保物流动性不足	5			风险规避、转移	
			担保物价值虚高不实	5			风险补偿、转移	
			担保物折当率过高	5			风险补偿、转移	
		保证人	保证主体资格受限	4			风险规避	
			保证人与借款人没有实质关系	4			风险规避	
			保证人担保能力不足	4			风险规避	
			保证人担保意愿不足	4			风险规避	
操作风险	人员因素	职员欺诈	隐瞒风险信息	5			风险规避、降低、承受	
			协助、默许客户造假	5			风险规避、降低、承受	
			粉饰调查报告	5			风险规避、降低、承受	
			故意高估资产价值	5			风险规避、降低、承受	
			“内部营销”评委	5			风险规避、降低、承受	
			拿回扣、私自加价、收罚息	5			风险规避、降低、承受	

续表

风险类别			风险点	重要程度	风险表现	识别要点	风险管理策略	控制与缓释措施
操作风险	人员因素	失职违规	项目调查不尽职，项目信息不客观、完整	5			风险规避、降低、承受	
			公证环节不尽职	5			风险规避、降低、承受	
			审批不尽职	5			风险规避、降低、承受	
			贷后管理不尽职	5			风险规避、降低、承受	
	内部流程	流程不健全	贷前调查流程风险	5			风险规避、降低、承受	
			审批流程风险	5			风险规避、降低、承受	
			审批授权风险	5			风险规避、降低、承受	
			用章流程风险	5			风险规避、降低、承受	
			放款审核流程风险	5			风险规避、降低、承受	
			贷后回访流程风险	5			风险规避、降低、承受	
			贷后监督流程风险	5			风险规避、降低、承受	
		流程执行失败	流程执行失败	5			风险规避、降低、承受	
		报告不力	风险环境洞察报告不及时、不真实、不完整	5			风险规避、降低、承受	
		合同缺陷	合同缺陷	5			风险规避、降低、承受	
		产品缺陷	产品缺陷	5			风险规避、降低、承受	
		担保品管理不当	担保品管理不当	5			风险规避、降低、承受	

续表

风险类别			风险点	重要程度	风险表现	识别要点	风险管理策略	控制与缓释措施
操作风险	内部流程	泄密	泄密	5			风险规避、降低、承受	
		与客户纠纷	与客户纠纷	5			风险规避、降低、承受	
	系统缺陷	IT系统不完善	业务审批系统缺陷	5			风险规避、降低、承受	
			BI系统缺陷	5			风险规避、降低、承受	
			结算系统缺陷	5			风险规避、降低、承受	
			其他系统缺陷	5			风险规避、降低、承受	
		配套设备不完善	网络不完整	5			风险规避、降低、承受	
			安全设备不完善	5			风险规避、降低、承受	
			存储设备不完善	5			风险规避、降低、承受	
			基础设施不完善	5			风险规避、降低、承受	
			工作环境不完善	5			风险规避、降低、承受	
	外部事件	外部欺诈	骗贷	5			风险规避、降低、承受	
			销赃	5			风险规避、降低、承受	
			贷款用于高风险投资,引发群体事件、刑事案件	5			风险规避、降低、承受	
			中介渠道恶意推介	5			风险规避、降低、承受	
			中介渠道串通客户欺诈	5			风险规避、降低、承受	
		自然灾害	自然灾害	3			风险承受	
		交通事故	交通事故	3			风险承受、风险降低	

现象在风险管理上表现为风险监测与报告职能的严重缺失。没有监测，就没有对风险环境的洞察，就无法建立风险预警机制，就不能对风险发生做到“先知先觉”，就不能对风险敞口做到早发现早处置。目前典当风险主要集中在当后环节，风险监测职能的缺失，意味当后管理的缺失。因此，典当行应当重视并加强风险监测与报告。典当行风险管理部门应当承担全面风险监测的职责。

风险监测前，需要绘制风险地图，对风险分类、成因分析、风险表现、识别要点、管理策略、控制与缓释措施（预案）等内容，进行清晰列示。笔者针对典当业务信用风险和操作风险绘制了一般性的风险地图示例（见表1），典当行应根据自身业务和风险特点、风险管理要求，建立多维度的风险地图。

风险监测需要建立监测指标体系和标准。监测指标应包含信用风险、市场风险、操作风险、法律风险、流动性风险等主要风险类别、客户风险和债项风险以及风险集中度管理等内容（单笔限额、单客户限额、行业限额、区域限额、渠道限额、产品限额），并形成指标体系。同时根据风险偏好要求，对监测指标进行定标。表2—3是风险监测指标体系、标准及资产分类示意表，典当行可以根据管理需要建立自己的指标体系和客户、资产分类分级标准。

表2　风险监测指标体系（示例）

指标类别	指标名称	指标值（区间）	说明
客户评级	A级客户占比	YY%—XX%	
	B级客户占比		
	C级客户占比		
	D级客户占比		
资产评级	正常类		
	关注类		
	次级类		
	可疑类		
	损失类		

续表

指标类别	指标名称	指标值(区间)	说明
信用风险	客户违约率		
	30 日内逾期率		
	90 日内逾期率		
	180 日内逾期率		
	360 日内逾期率		
	30 日内清收率		
	90 日内清收率		
	180 日内清收率		
	360 日内清收率		
	不良贷款率		
	逾期不良率		
	正常贷款迁徙率		
	正常类贷款迁徙率		
	关注类贷款迁徙率		
	次级类贷款迁徙率		
	可疑类贷款迁徙率		
	预期损失率		
操作风险	人员从业年限		
	客户投诉率		
	审核通过率		
	系统数量		
	贷后管理合格率		
	内部损失率		
流动性风险	资金闲置率		
	流动比率		
	速动比例		
	担保物折当率		

续表

指标类别	指标名称	指标值(区间)	说明
集中度管理	单笔贷款本金		
	单客户贷款本金		
	关联客户限额		
	贷款用途行业限额		
	贷款区域限额		
	产品限额		
	抵押物品类限额		
外部环境	宏观经济指标		
	货币市场指标		
	二手房价格及交易量反指标		
其他类	其他指标		

风险监测活动应该是动态的、涵盖风险管理的全部过程。开展风险监测活动时,要树立风险前置的理念,加强风险源头控制,不仅要做好贷后风险的监测,更要做好贷前的风险监测,要对风险环境进行监测,对典当项目进件、报单情况进行监测,对典当项目审核过程等贷前过程进行监测。典当行要建立风险报告机制,积极利用监测结果,建立风险预警机制,及时调整风险管理策略与措施,保证风险可控。

4. 抓好风险管理人才队伍建设

风险管理是金融企业的管理核心。风险文化的塑造,风险战略、风险政策的制定和执行,所有的风险管理都需要高素质的专业风险管理人才,风险管理人才队伍的能力与水平,不仅决定着典当行风险管理水平的高低,某种程度上也决定着典当行经营管理水平的高低。典当行在人才匹配上,改变"懂业务即懂风控"的浅薄观念,应当从行业意识、意志品质、职业技能、专业知识、管理沟通、综合素养等多维度建立风险管理人员胜任力模型,加强风险管理人才引进、培养与考核。

表3 典当房抵贷资产五级分类标准(示例)

分类		定义		借款人特征	债项特征	本息逾期天数	判断条件	标准
良性资产	正常类	借款人具有还款意愿,续费正常,没有足够理由怀疑本息不能按时足额偿还,抵押物足值且可变现能力较强	1	借款人偿债意愿正常(无涉刑、赌、毒;非失信人员;无其他逃废债记录)	有明确、可靠的偿还利息的来源	不逾期,或连续逾期天数小于30天	同时满足所有特征	90%
			2	借款人年龄正常,身体健康,无对本债有实质影响的经济诉讼(实质影响指影响本债项担保物权实现的程序、时间及优先受偿金额)	抵质押物权属清晰、足值(符合产品和风控要求)			
			3		抵质押流通性正常(小额房产3个月/内别墅6个月内,正常交易,八成价格可以成交;商业、办公6个月内,正常交易,七成价格成交)			
			4		没有对本债项有实质影响的其他债务违约、经济诉讼			
	关注类	尽管借款人目前有明确、可靠的本息偿还能力。但是存在一些可能对还款不利的因素(仅是可能,而非现实)	1	借款人偿债意愿正常(无涉刑、赌、毒;非失信人员;无其他逃废债记录)	原计划的还款来源出现消极影响因素,如融资计划延期,资产处置计划延期等	不逾期,或连续逾期天数小于31—90天	相比正常类,有以下之一的:(1)人2;(2)债1;(3)连逾31—90天	6%
			2	借款人超龄,借款人或企业负责人健康出现问题,或有可能对本债有实质影响的经济诉讼(仅仅是可能,还无法证明有实质影响)	抵质押物权属清晰、足值(符合产品和风控要求)			

续表

分类		定义		借款人特征	债项特征	本息逾期天数	判断条件	标准
良性资产	关注类	尽管借款人目前有明确、可靠的本息偿还能力。但是存在一些可能对还款不利的因素（仅是可能，而非现实）	3		抵质押流通性正常（小额房产3个月/内别墅6个月内，正常交易，八成价格可以成交；商业、办公6个月内，正常交易，七成价格成交）	不逾期，或连续逾期天数小于31—90天	相比正常类，有以下之一的：(1)人2；(2)债1；(3)连逾31—90天	6%
			4		有可能对本债项有实质影响的其他债务违约、经济诉讼			
不良资产	次级	还款计划出现明显问题，即使处置担保物，也会出现息费损失	1	债务人被纳入失信联合惩戒名单	所有还款计划的可靠性出现问题，只能被动处置担保物	不逾期，或连续逾期天数在91—180天以内	有以下之一的：(1)人有问题；(2)债息受损；(3)逾期90天以上	2%
			2	借款人超龄，借款人或企业负责人健康出现问题，或涉及经济诉讼（与本债有实质影响）	抵押物变现足以覆盖本金，但是息费会受到损失			
	可疑	还款计划出现明显问题，即使处置担保物，也会出现本金较小损失。或者担保物足值，但是逾期超过360天的	1	债务人被纳入失信联合惩戒名单	所有还款计划的可靠性出现问题，只能处置担保物	不逾期，或连续逾期天数小于181—360天	有以下之一的：(1)人有问题，逃废债；(2)本金受损；(3)逾期180天以上	
			2	借款人偿债意愿不正常，不能正常联系，不配合处置，有逃废债迹象	担保物不足值，即使处置担保物，本金也会受10%以内的损失			
	损失	所有还款来源均出现明显问题，在采取所有可能的措施或一切必要的法律程序之后，本金仍然会出现超过10%的损失	1	借款人涉刑、破产、失联	经过一切必要、可能的程序后，贷款本金无法足额收回，损失超过10%	360天以上	一切可能清收、处置后，本金损失10%以上	1%

参考文献:

梁晟耀:《全面风险管理实务操作指南》,电子工业出版社2015年版。

中国银行业协会银行业专业人员职业资格考试办公室编:《风险管理》,中国金融出版社2019年版。

执笔人:张大勇

典当行业多元化股权融资研究

近年来,中国经济从高速增长转向中低速增长。较之于 2018 年 6.9% 的 GDP 增速,2019 年预计增速为 6.5%,未来经济增速还可能进一步下降。在此背景下,今后相当长的一段时期内经济结构处于转型升级阶段,制造业将出现大洗牌大变革,整体企业经营状况短期内难以出现明显好转。当前典当行业的主要服务对象——中小微企业受各自领域资金链断裂导致的“集群效应”范围不断扩大。因此,典当企业的经营环境短期内难以得到好转,典当行业务触礁现象越来越多,不少贷出去的资金难以收回,或即使经历诉讼及执行取得处置结果、但到手的却是房地产、物资等非货币资产,反而减少了典当行可用于盈利的营运资金,导致企业有效资产不足。加之近年来与融资租赁等业务一起被划归地方金融办监管,典当行业在包括融资等方面面临的监管约束将进一步强化。根据商务部公布的统计数据,截至 2017 年 11 月底,全国共有典当企业 8 478 家,企业资产总额 1 629.6 亿元,同比下降 2.5%。典当余额 890.5 亿元,同比上升 0.4%,但相较社融规模,典当余额仅占社会融资规模存量的 0.01%。

在此背景下,如何有效助力典当行业正常的业务扩张和资金筹集,扩大典当行有效资产的可行路径,并由各典当行根据自身条件选择运用,以便发挥典当行业应有的金融服务功能,助力实体经济转型和产业升级,尤其是发挥其在服务中小微型企业方面的优势,就成为我国金融市场建设中一项不可或缺的内容。本文拟对我国典当行业的融资来源现状、融资渠道相关政策演进进行分析,同时将引入美国典当行业的相关经验,并以此为基础提出可供借鉴的政策建议。

一、我国典当行业的融资来源及存在的问题

（一）典当企业主要融资来源

目前，我国典当行业可以考虑的融资途径并不多，主要有以下几个方面：

第一，银行融资。《典当管理办法》允许典当行从银行在不超过注册资本限额范围内融资，在银监会限制银行向典当行融资政策实施以前，全国典当行从银行融资量平均应不超过注册资本 30%，在限制政策产生作用后，该比例还将显著下降。不过对于知名度较高、经营稳健的典当行来说，也有采取其他业务合作模式来利用银行资金拓展业务，不过往往要支付相对以前贷款利率更高的费用，且该类也不宜规模过大，以免为合作方带来不便而受阻。总归从银行融资仍是应尝试的渠道，但若限制政策不解禁，若过多争取可能会事倍功半。

第二，股东借款。虽然向股东融资并非属于办法允许的渠道，但在实际经营中，因从银行融资困难重重，背靠实力雄厚股东的典当行基本都会向股东申请融资。股东提供融资有采取依据内部规定直接划款的，也有采取经银行委托贷款方式。从融资期限看，有根据某笔业务需要作短期融资的，也有长期融资供典当行自主决定资金运用的。如果股东自身依法守规且资金充沛，那么向股东融资既解决典当行的资金需求，又不会涉及非法集资，的确不失为较好的渠道。也许是知道典当行融资的难处，目前实际中从股东处融资这一渠道并未受到明显的压制。

第三，增资扩股。典当行的业务发展到一定阶段，如果经营效益尚可，完全可以通过增资扩股来加码发展后劲。在目前《办法》要求法人股东控股的情况下，增资扩股一般可较为顺利地实施，且增资后有利于提高行业地位和知名度。为吸引其他渠道的融资资金增加筹码，如果增资条件满足，不妨运用这一路径。增资扩股路径在运用时也存在一定的制约，如《办法》对于增资要求与开业或者前一次增资相隔的时间在一年以上，另外从股东角度来说，除

非经营业绩保持高收益或扶摇直上,否则也不会频繁增资,故适时为之最佳。

第四,债权转让。典当行的债权逾期如果超过 60 天,基本就很难再回收,可以考虑将这些债权打包转让给债务公司、产权交易所和资产管理公司,以及时回笼资金。这一处置方式的优点在于耗时短,不利之处在于转让价格一般较低。但如果在债权转让同时,与受让方约定在后期回收过程中提供必要支持的话,可在转让协议中争取更好的经济利益。

第五,及时处置抵债资产。典当行对于经过法律诉讼且抵、质押物在三次拍卖中皆流拍,被迫以变卖方式承接的资产,应尽快进行处置,以避免资产长期固化。尤其是大额商业房地产类资产,在实体店消费景气度下降的背景下,未来的增值潜力有限,且租金收益率偏低,须及早处置和转让。而且目前的资金市场上典当业务的收益率仍可观,所以从固化资产的机会成本来看,通常应及时处置抵债资产。

(二)典当业现有融资来源存在的问题

尽管现实当中有以上几条融资途径,但目前我国典当行的主要资金来源还是股东投资形成的自有资金。特别是对于多数民营典当行而言,资金来源往往只能依靠自有资金经营,因而业务量十分有限。随着中小企业逐渐成为典当的主要客户,对典当的资金需求加大,客户讨价还价的力量增强,典当行的毛利润率也逐渐下降。典当企业要在市场竞争中占据一定市场份额,必须通过开拓融资渠道来壮大资金实力,以便在毛利率下降的同时保持一定的利润水平。然而,自 2013 年银监会下发《中国银监会办公厅关于防范外部风险传染的通知》,对典当业融资渠道进行收紧以后,典当行想要通过外部融资渠道来解决融资问题就变得更加困难。除少数实力雄厚的国有典当行资金外,只有极少数典当行能从银行获得贷款。典当行之间业务合作模式的探索也只是在打擦边球。

然而尽管如此,典当业在融资方面做出的努力一直都没有停止过。在 2013 年,重庆市典当行业协会在工作报告中称,已有重庆当地典当企业走出了向商业银行贷款的破冰之旅,为该市的典当企业向商业银行融资开了先河。这两家成功向商业银行融资的典当企业为涪陵国融典当公司与万州裕泰典当公司,前者系“国有”背景,以集团公司资产向三峡银行贷款2 500万元,后者则凭借自身股权向三峡银行贷款500万元。

此外,2015年5月,甘肃省典当行业协会与兰州银行达成合作协议,由兰州银行向甘肃省典当行业协会会员提供年息为12%、15%的两档融资。为此兰州银行专门下发了《关于全行开展典当和小贷公司营销的通知》,决定将业务办理由试点行扩大至兰州市内所有机构,同时并要求兰州以外各市州业务由所辖分行办理,严禁跨区域办理。而按照合作协议,典当企业以银行认可的优质实物资产,如房产、铺面、土地等提供抵押担保的,利率执行年息12%;其他符合管理办法要求的担保方式提供担保的,利率执行年息15%。贷款期限最长一年,一年内授信额度可循环使用。兰州银行要求申请贷款的典当企业需要具备一定的申报条件,如两年内无违规和投诉等不良记录、连续两年被评为甘肃省商务厅年审审定的A级典当企业、企业连续两年盈利增长均为5%以上等。

但时至今日,这些曾被业界视为破冰之举动的进展并不乐观。自2013年这两家典当企业之后,重庆至今再没有典当行从银行贷到款。而甘肃典协与兰州银行的合作也不如预想的顺利,该合作协议达成后并没有达成一笔成功贷款。造成这一结果的原因一方面在于银监会的相关规定,另一方面也因为典当行的客户对银行而言是次贷客户,风险较高。在商业银行看来,即便典当行是国家承认的正规放贷机构,但与银行的利润相比,典当放贷目的是为了获取高利,因此典当行业从商业银行借贷然后获取高利,这种行为不为银行所接受。

二、典当行业融资来源政策的演进及其影响

(一)典当业融资途径相关法律政策演进路径

改革开放以来,我国对于典当业及其融资途径的监管法律法规经历了

一个从无到有的过程,监管力度也随着我国经济发展阶段的不同而有所调整,就连典当行业自身的性质也在不同时期被赋予了不同的定义。我们根据历年来针对典当行业融资途径的相关政策法规的建立和调整,用表1对之进行了总结。

表1　改革开放以来我国典当行业融资途径相关法律法规

年份	出台的法律法规	相关融资政策的内容
1993年8月	中国人民银行发布《关于加强典当行业管理的通知》	明确典当行的非银行金融机构性质,对典当行的性质、经营范围、服务对象和主管机关都作了明确规定
1995年5月	公安部颁布《典当业治安管理办法》	对典当行的经营安全、行业审批、当物类型、赃物典当的处理和典当行违法处罚办法等做出了规定,但并未对当户向典当行融资行为的法律性质做出认定
1996年4月	中国人民银行颁布《典当行管理暂行办法》	全面地规定了典当行的性质、主管机关、经营范围和方式等,并对典当的经营范围等重要问题作了较大限制
2000年7月	国务院	因金融体制改革和人民银行职能转换,将典当行金融机构性质变更为特殊工商企业,监管部门移交国家经贸委
2001年8月	国家经贸委发布《典当行管理办法》	允许典当行从商业银行贷款、需要在省内开设分支机构,极大促进了行业健康规范发展。也为日后为中小企业提供融资服务提供了经验
2003年6月	国家机构改革	典当业随经贸委撤销划归国家商务部监管
2005年2月	商务部、公安部联合发布《典当管理办法》	废止原《典当行管理暂行办法》和《典当业治安管理办法》。明确典当行可以从事财产权利典当业务,允许典当行可以跨省设立分支机构,允许机动车典当办理质押登记手续
2007年10月	《物权法》实施	拓宽了典当业经营范围,并降低了运营风险
2013年	银监会出台《关于防范外部风险传染的通知》	要求严禁商业银行向典当行和非融资性担保机构提供授信
2018年开始	典当行监管责任划转银保监	深圳市金融监督管理局率先依法对典当行进行定期检查及不定期抽查,并依法对典当行违法行为实施行政处罚

资料来源:国家商务部网站。

总体看来,自 1993 年以来典当行业的发展历程和监管部门的监管实践基本确定了典当为中小企业提供服务的职能,也体现了政府部门在解决中小企业融资难的问题上的不断探索。但是,目前我国典当行业发展思路存在一定的问题:典当行业资深的特点和基本功能决定了典当只是为中小微企业和自然人提供救济解困、及时方便的融资服务,而不能过分强调为中小企业的融资服务功能,否则将导致典当行与银行、小额贷款公司等其他金融机构服务的同质化。就目前国内典当业发展情况来看,典当资金规模满足不了中小企业的需要,只能是救济解困提供融资服务,是主流金融的补充,这也决定了典当行的资金来源和资金规模都有一定限制。

(二)与典当行业融资渠道相关的几次重要政策变化

1. 2005 年《典当管理办法》对典当企业资金来源所作的规定

根据商务部、公安部 2005 年颁布的第 8 号令《典当管理办法》第八条对典当行注册资本做了限制,如规定"典当行注册资本最低限额为 300 万元;从事房地产抵押典当业务的,注册资本最低限额为 500 万元;从事财产权利质押典当业务的,注册资本最低限额为 1 000 万元。典当行的注册资本最低限额应当为股东实缴的货币资本,不包括以实物、工业产权、非专利技术、土地使用权作价出资的资本"。在分支机构设立和运行的资金来源方面,第十二条规定,将"经营典当业务三年以上,注册资本不少于人民币 1 500 万元"作为典当行可以跨省(自治区、直辖市)设立分支机构的条件之一。第十三条则规定"典当行应当对每个分支机构拨付不少于 500 万元的营运资金"。其第二十八条规定典当行不得有下列行为:从商业银行以外的单位和个人借款;与其他典当行拆借或者变相拆借资金;超过规定限额从商业银行贷款。商流通发〔2012〕423 号《典当行业监管规定》第二十一条规定,加强对典当企业资金来源和运用的监管。由上述条款可知已设立的典当行不仅仅可以运用自身的注册资本经营业务,并且能够从商业银行获得一定比例的银行贷款,但是现实中却遇到多重阻碍。银监会及典当主管部门严格限制行为切断了典当行的融资之路。

2. 2013 年《中国银监会办公厅关于防范外部风险传染的通知》对典当行融资来源的限制

根据中国人民银行公布的《中国金融稳定报告 2013》,截至 2012 年末,全国共有小额贷款公司 6 080 家,融资性担保公司 9 071 家,典当行 6 084 家。由于内部管理和外部监管薄弱,部分机构存在短期逐利行为,一些机构违规经营现象较为突出,甚至参与非法骗贷、非法集资,扰乱正常金融秩序,在个别地区形成了风险事件。

为了控制风险进一步恶化,2013 年 6 月银监会下发《中国银监会办公厅关于防范外部风险传染的通知》,通知要求各银行业机构高度关注类金融机构和民间融资行为的潜在风险,并要求各银行将外部风险防范纳入全面风险管理。通知列出了银行须重点关注的外部风险五种主要来源:小贷公司、典当行、担保机构、民间融资、非法集资。通知还特别强调"严禁向典当行以及非融资性担保机构提供授信"。银监会对银行的上述限制实质上切断了典当行融资的唯一渠道,致使其外延性发展受阻。该通知无论对于那些发展良好,亟须增加营运资金以扩大经营规模的典当行,还是对于暂时周转不开须补充流动资金渡过难关的典当行来说,都带来了较大的负面影响。在银行融资渠道被切断后,委托贷款成为典当行唯一的融资通道,但由于委托贷款融资仍属于不成熟的融资模式,因此这一渠道并未真正缓解典当行面临的融资约束问题。

3. 2018 年起典当行监管责任划归地方金融监管局

近两年,监管层进一步加强了对典当行业的监管。在融资租赁、保理和典当等类金融划归地方金融办监管后,2018 年 3 月 28 日,深圳市金融监督管理局率先发布了一份关于开展 2017 年典当企业年审工作的通知,对 2017 年末前经批准设立的本市典当企业和异地典当企业在深分支机构进行年审,其主要审查内容包括典当企业的融资端、资产端及经营情况等。在核查资金来源时,涉及的主要内容包括有无非法集资、吸收或者变相吸收存款、从商业银行以外的单位或个人借款等违规行为。10 月 22 日晚,深圳市金融监督管理局公布行政执法主体公告，对融资担保、典当行等在其职责权限范围内依法实施行政执法，其执法人员持深圳市人民政府行政执法证进行执法。

2017 年度深圳市典当行年审结果显示，深圳市 146 家典当企业中，有五家企业不予通过年审，包括深圳市鸿兴源典当有限公司罗湖分公司、深圳市金兆典当行有限公司、深圳市百信百典当有限公司、深圳市顺安典当有限公司、深圳市正信东阳典当有限公司，另有 8 家典当公司需要整改，其中 1 家典当公司——深圳市金辉典当有限公司拟注销。2017 年 12 月自此，深圳市金融监管局更新其主要职责，将融资租赁、保理、典当等类金融业务划入其负责监管范围，意味着地方金融监管改革进一步破局。对于租赁、保理等“类金融”行业监管，将由银监会进行顶层设计，出台监管法规，并由地方金融办负责监管。经营和监管规则职责划给银保监会有利于监管的统一，实现穿透监管。根据《中共中央关于深化党和国家机构改革的决定》等文件要求和全国金融工作会议精神，商务部已将制定融资租赁公司、商业保理公司、典当行业务经营和监管规则职责划给银保监会。

2018 年 12 月 5 日，上海市地方金融监管局召开融资租赁公司、商业保理公司和典当行监管工作会议。会议强调，充分认识加强三类机构监管的重要意义。2017 年召开的全国金融工作会议明确，小额贷款公司、融资担保公司、区域性股权市场、融资租赁公司、典当行、商业保理公司、地方资产管理公司等，由中央金融监管部门制定规则，地方金融监管部门实施监管。2018 年 4 月，商务部将融资租赁公司、商业保理公司、典当行的业务经营和监管规则制定职责划给银保监会，银保监会要求各地要高度重视三类机构监管工作，严格落实地方监管主体责任，加强监管力量，实行统一归口管理。会议要求，坚持以服务实体经济为根本，坚持以防范金融风险为前提，切实做好三类机构监管工作。一是坚决落实中央和银保监会监管要求，对三类机构实行统一归口管理，严把市场准入关，依法履职尽责，保持平稳有序；二是加快推进各区三类机构相关职责转隶，强化责任担当，认真做好三类机构日常管理工作,切实做好属地风险防范处置工作;三是坚持监管和发展并重,进一步完善规章制度,同时优化行业发展环境,推动三类机构进一步发挥专业化、特色化优势,促进行业健康有序发展,更好服务实体经济,服务上海经济金融发展大局。

三、国外典当行业融资途径案例研究

(一)美国典当业融资扩张与经营模式

据美国典当研究机构的当户交易调查数据显示,被调查当户的一年当中典当交易次数分布为:1 次的约占 21.7%, 2 次的 24.0%, 3 次的 18.4%, 4—6 次的 17.3%, 6 次以上的 18.6%。由此可以看出,美国在典当行频繁融资的人数较高。该调查还显示,样本人群平均一年两次以上的占 78.3%,还有近 20%的人平均每两个月便去典当行借一次钱。造成如此之高的普及程度的原因在于,美国典当行的经营范围非常之广,不仅包括各类名贵字画、高档珠宝、名表等传统品种,还有高级服饰、电器、乐器、收藏品等,因此导致参与典当融资的人数比例非常大。较大频次的当户需求势必吸引大量企业从事典当行业经营,美国现有典当行约 1.5 万家,典当市场非常繁荣。

美国典当行市场准入相对宽松,只要可供提供的净资产达到各州法律的要求即可获得执照。以得克萨斯州为例,对净资产的要求为 15 万美元。美国典当行业受各州法律的监管,因此各州之间法律约束略有不同。在美国大部分地区中,典当行的经营权通常是由当地的市长或市议员批准,但是在波士顿则是由警方负责批予。在纽约州,开设当铺的纳税牌费为 500 美元,且当铺开设者必须向当地的市长立约,并以 10 000 美元作为保证金,及他自己和另外两个人作为保证人。由于美国有着非常发达的资本市场,规模较大的典当行选择了上市融资。美国原有 5 家典当上市公司,1980 年 3 月成立的美国典当公司因业绩不佳,已在纳斯达克退市,现共有 4 家上市公司。其中较为特殊的一家典当网络公司是美国典当在线(Pawnbroker.Com)。它是世界上第一个典当网络平台,目前全美已有 3 000 家典当行加盟,占到了美国典当行总数的 1/5。美国典当在线自 1999 年 12 月以每股 7 美元上市后,其股票市值始终在每股 6.5—8.5 美元之间波动,可谓颇为稳健。

美国是全球企业连锁制的发源地。近年来,连锁经营方式也广泛渗透和应用到典当业。在美国,典当行既有单店经营或联店经营模式,也有公司化连锁经营模式。但相当多的典当企业特别是大中型典当行,纷纷采取连锁经营战略,以图扩大市场规模,保持优胜地位。这种借鉴沃尔玛的成功经验,将品牌连锁管理的理念贯彻到典当连锁经营的模式是值得我们借鉴的。在美国的 1.5 万家典当行中,一些通过连锁经营的大典当公司占到了整个典当市场份额的 7%,生意十分红火,经营经济显著。最突出的例子是"Cash America Pawn",简称 CSH。该公司建于 1984 年,1990 年成为纽约证券交易所的上市公司,是美国最大的典当连锁公司和美国最大的跨国典当公司及典当上市公司,共有连锁典当行 465 家,不但分布在美国各州,在英国、瑞典也有分支机构。由于通过连锁经营和管理能够较快地提高企业的整体实力,故该公司目前已成为美国典当业名列前茅的"龙头板块",每年典当放款额最高约为 4.4 亿美元,远远超过所有的竞争对手。又如排名第二的 EZ 典当集团公司,简称 EZPW,在美国已开设了 280 余家连锁分公司,目前纳斯达克每股股价在 17 美元。季军 FCFS 第一现金服务有限公司,目前共开设了 140 家分公司,目前纳斯达克每股股价为 16 美元。

(二) 日本典当行资金来源与经营特点

20 世纪末期,经历了金融危机之后,日本典当行数量出现大幅下降。危机爆发前,全日本典当行数量接近 2 万家。但截至 1998 年底,日本仅存典当行 4 750 家,数量比 40 年前下降了 76.26%。此外,日本典当行构成也呈现出新特点,除保留个人独资形式的典当行外,还出现了依现代企业制度组建的有限公司和股份公司。根据日本商法规定,如果典当行以有限公司的形式成立，其注册资本金必须达到300万日元以上；以股份公司的形式成立，其注册资金必须达到1 000万日元以上；而如果属于个人独资经营，则无明确注册资本金数额的规定。据统计，目前日本全国典当行多为资本不高、规模很小的私立夫妻店，即使日本最大的典当公司注册资本金也仅为1亿日元。且迄今为止，日本尚无上市的典当公司，这与美国的现代典当业难以匹敌。

相较于其他金融机构而言，典当行的规模较小，这在日本也不例外。因此，典当行的资金来源是否充裕直接关系到质押贷款业务能否正常进行。据统计，日本典当行的主要客户为30岁左右年龄段、收入较低的个人。典当行向其放款的每笔数额一般在5万至15万日元之间。以东京铃屋典当行为例，每天的典当金额平均为900万日元，资金需求量极大。依照日本现行有关法律，典当行可以使用自己的房产、仓库等不动产作为抵押，向银行借贷经营，从而用于资金运作开展业务。

经过社会的长期发展，日本的融资体系和格局已较为发达，不同规模的银行和典当行之间有着较为明确分工：规模较大的典当行资金主要由城市银行、信托银行、长期信用银行等大银行提供；中小典当行的资金由当地的地方银行提供；而更小的典当行资金则由遍布全国的各类非银行金融机构提供。由于日本的典当行主要担负向公民个人发放质押贷款的职能，主要受理的当物也是常见的金银饰品、高档手表、家用电器等动产，因此日本典当业属于微利行业，通常靠典当利息、手续费等综合费用来维持，且资金周转缓慢，各家典当行的资金平均周转次数为每年2次左右。这表明，典当业的行业自身属性造就其作为一个袖珍金融机构支撑一个微型金融市场的经营特点，因此典当行需要找到相应的金融机构对其进行融资作为支撑。

四、改善我国典当行业融资渠道的相关建议

在银监会限制银行对典当行融资后，各地商务部门以及典当行业协会

一直在努力争取从其他渠道拓宽典当业融资来源，力求对现行的融资规定加以优化，以帮助典当行减少对于银行融资的依赖。在未来，典当行业需要改变过去高定价服务于高风险客户的经营模式，在资产端坚持“小额分散”的基础上找到更为优质的客户，而在负债端，则需考虑多渠道融入低成本的资金，通过财务杠杆做大规模，通过资产质量的不断优化保障现金流的稳定，降低流动性风险，最终提升可持续的经营业绩，找到适合典当行业长期稳健发展的经营策略。具体而言，可以考虑从以下几个方面拓宽典当业的融资来源。

（一）股东增资或引进外资

按照现行的《典当管理办法》，要想解决自身融资，典当行或向商业银行借贷，或通过投资者增资扩股。由于典当行自身特点和现行规定使得典当行在融资途径上受到较多束缚，例如典当经营场所基本为租赁、注册资金为货币资金、典当物所有权归客户所有等，因此典当行几乎没有可以向银行申请抵押贷款的抵押物。近年来，典当行股权转让和增资成为该行业融资新趋势。和小额贷款公司、担保公司相比，典当行要求以实物做质押，风险要小得多，因此典当业成为了那些愿意进入金融行业的民营资本首选，这同时也在一定程度上解决了典当公司融资难的问题。

但是，作为由商务委和公安局管辖的特殊行业，典当行的竞买方必须是实体经营者，而不能是投资机构，且主管部门对典当行股权交易拥有否决权。根据2012年商务部出台的《典当行业监管规定》特别要求，典当企业增加注册资本应当间隔1年以上，新增股东或者增资股东应与新设典当企业对股东的要求一致，以防止不具备资格的企业和个人进入典当行业。对于对外转让50%以上股份，控股股东转让全部出资额，同时变更名称、法定代表人、住所及股权结构等重大变更事项须严格审核，防止个别典当企业借机变相集资吸储或倒卖经营资格。因此，通过增资扩股来实现资金融通也有上述时间限制以及手续繁琐等不足之处。

除了通过引入内地投资者实现增资扩股之外，典当行还可以考虑引进外资投资者。2015 年之前，典当行业是没有外资进入的行业。依据《外商投资产业指导目录》（2015 年修订）规定显示，典当行得以被列入允许类，这就意味着外商（包括港、澳、台投资者）可以在中国境内投资典当行业。然而，根据《典当管理办法》的规定，外商（包括港、澳、台商）投资典当行的管理办法将由商务部会同有关部门另行制定，如国务院公布了《中国（福建）自由贸易试验区总体方案》，其中提到要放宽外资准入，稳步推进外商投资典当行试点。目前，在上海自贸区的外商投资负面清单中，也没有列出典当业，意即该行业是自贸区内允许外资进入的领域。由于我国典当拍卖行业尚未形成良性循环，此时大规模引入外资势必会给国内典当企业造成较大压力，同时也给国内典当企业向外资同行学习借鉴、规范行业秩序、完善信用体系、提升核心竞争力的机会。

（二）上市融资

在非银行金融机构中，作为特种行业的典当行受到的监管向来比较严格，涉及典当行自身融资时尤其如此。当前，典当行业中的不少企业希望通过谋求上市来解决融资渠道受限的问题，由于典当行业的回报率整体高于其他行业，也高于银行利率，因此典当行业有着较好的企业上市潜力，目前我国上市公司中以典当作为公司主业的仅香溢融通（股票代码：600830）一家。

目前，一些典当行正在尝试研究上市。考虑到企业自身规模和行业特殊性，单一典当企业上市的可行性较小，可以考虑由几家典当行联合起来以集团方式进入资本市场。事实上，典当行通过上市和连锁化经营实现资本和经营扩张在国外颇为常见。以英国为例，当地两家最大的典当行阿博玛尔·邦德、哈维·汤普森均为上市公司，并在全国广设连锁门店。国外习惯将典当行视为“信用便民店”，经营的业务品种较多，既做珠宝首饰、名牌手表等民品典当，也允许经营旧货或新商品的销售业务。在美国，典当行则像是一个个陈列新旧商品的超市，或位于繁华闹市，或立于居民社区，吸引公众参与典当买卖。

但是,典当行要想上市,需要解决两个方面的问题:第一是审批程序。典当行要实现上市,就需要到当地的商务部门进行变更申请、办理相关事宜,将企业从有限制公司变成股份有限公司,而普通企业只需要到工商局操作即可。典当行上市前的股改工作会面临审批程序更多、审批时间更长的现实问题。第二,根据《典当管理办法》,典当当金利率按中国人民银行公布的银行机构 6 个月期法定贷款利率及典当期限折算后执行。但现在一些小贷公司、P2P 等融资机构,其利率正在银行同期年化利率 4 倍的基础上逐渐下降。因此,受这些机构的影响,典当行需要考虑持续盈利能力的问题,必须要有自己的核心竞争力。否则,一旦盈利不能持续,导致投资者不看好,股价就会随之受到影响。

(三)资产证券化或资产回购

迄今为止,资产证券化或资产回购的融资方式在典当行较少得到应用。究其原因,一是因为受历史成见影响,典当行的市场形象欠佳,以典当行资产为基础发行相关资产证券化产品推广难度大;二是由于我国典当行的资金投放以房地产抵押典当品种为主,存在业务金额偏大和风险不够分散的特点,这也导致典当行贷款资产在构建证券化基础资产时质量略逊一筹;三是典当行在融资市场地位较低和所受的扶持力度不足,也是其难以运用资产证券化工具获得资金的原因。

实施资产证券化以增加典当行营运资金的方式可以包括以下几种:第一,以典当行已经发放的典当贷款作为基础资产,所融入资金直接由典当行使用;第二,以典当行可获得如房产出租收益、权利的让渡使用收益等孳息的抵债资产作为基础资产,所融入资金直接由典当行使用;第三,以股东所持约定分红或转让事项的股权为基础资产,所融资金由股东转典当行使用等。典当行资产证券化的具体产品形式可以包括设立信托计划、发行债券产品及私募产品等方式。

除了资产证券化之外,典当行还可以通过资产回购实现融资。典当行可考虑将因某笔业务产生或经诉讼判决获得的债权出售给购买方,双方合同约定由出售方支付一定手续费用，并在一定期限内回购债权的融资方式。鉴于典当行业务的短期性特征，这种融资方式主要用于应付短期资金不足的情况，且可以保证资产交易的安全，因为资产交易双方对交易另一方的情况都非常了解，易于建立相互信任。

作为典当行创新型的融资方式，资产证券化和资产回购与现行的《典当行管理办法》不形成直接冲突，值得我国典当企业积极尝试以积累经验，盘活资产存量。当然，作为开展资产证券化和资产回购业务的基础，典当行首先需要实现自身发展和风险把控方面的完善，如此才能构建高质量、接受度高的基础资产，而这也是决定资产证券化或回购能否成功的关键。

（四）债权转让融资

根据《民法通则》和《贷款通则》，典当行将其享有的利息收取权转让给第三方机构，由第三方机构来收取综合费用在法律上能够得到支持。而根据《典当管理办法》以及《典当行业监管规定》，并无明确条款规定典当行债权是否可以转让，根据法不禁止即可为的原则来说，典当行应该可以通过债权转让来进行融资。作为股份制企业，典当企业只要达到一定的标准和条件，就可以通过股权交易或发行企业债的形式来解决资金问题。在债权转让融资模式中，由典当行作为转让债权的受托管理人，代为收取利息和综合费用，一定程度上避免上这种融资模式与现行监管要求存在的冲突，提高了其可操作性。为了解决融资困局，已有典当行通过商业银行以外的渠道成功融资的案例，即2014年青岛中和典当债的成功发行。

具体而言，典当行通过债权转让进行融资的模式可以有以下几种：第一，典当行将其贷款债权转让给予第三方机构，第三方机构以本金加一定比例的溢价支付给典当行受让价款，典当行与第三方机构之间形成债权转让法律关系。第二，典当行接受第三方机构委托，负责日常转让债权管理，代为向借款人收取利息和综合费用，贷款期满后代为收取债权本金及相关利息、费用，第三方向典当行支付一定比例的管理服务费用。典当行与第三方机构之间形成委托受托法律关系。第三，如贷款期限内借款人违反合同约定或到期未还本付息，典当行负责将债权转让事宜通知借款人，第三方机构可直接或委托典当行向借款人主张权利。

由于债权转让过程中可能出现信息不对称、转让价值不匹配以及监管当局的定位态度等风险，如何确定债权转让的单笔额度与总体规模是需要直面的问题。假如任由典当行自行决定债权转让，很可能会引起典当行安全经营、监管当局的认知态度等一系列不确定风险。因此，对典当行通过债权转让的融资行为应采取审慎态度，应充分结合典当行自身的经营情况以及监管当局的接受程度等因素，先进行小额度小规模试点，待逐步成熟后再追求规模效应。

以上对典当行当前可能采取的融资途径进行了分析。当前，仅允许典当行从银行融资已经形成了顽固的症结，加上经济减速的压力、客户市场变化以及典当自身所面临的风险等，尽管相关融资方式尚不成熟，典当业仍迫切需要加以尝试。在实际操作中，典当行可结合对资金需求的长短、金额、资金获得的可行度、融资或变现所需的成本等因素的考虑，在以上各项融资途径中作恰当选择。

除此之外，对于其自身，典当行还应回归典当行的本质，对整体的经营进行重新定位，努力提高经营水平、改善典当贷款质量，增强自身以及相关资产对于外界资金方的吸引力。同时还要有灵活的策略和手段，在不违背法律规定的前提下，设计出迅捷处置和变现固化资产，或运用金融产品使资金提前回流的方案，统筹好网店布局，以点带面扩大业务量。最后从推动行业发展角度来看，各地的典当行都应积极向监管部门反映融资困难的现实，以争取更宽泛的融资渠道和相对宽松的融资条件。

执笔人：詹宇波

新监管背景下典当业人力资源问题研究

典当行在我国历史上曾发挥过重要的融资作用，可谓现代金融业的鼻祖。2018 年 5 月，商务部发函将融资租赁公司、商业保理公司以及典当行三类机构的监管职责划归给中国银行保险监督管理委员会。历经多次变迁，典当行业终于回归本源，再次被定位为金融机构。回顾过往的 30 余年，典当业的定位与主管部门历经变更，从最初的由中国人民银行监管到由国家经贸委、商务部等部门监管，最终又重归金融体系。这一方面表现出国家对于典当行业定位与认识的摇摆态度，另一方面也在一定程度上造成了典当业在夹缝中求生存的现状。

典当行业在夹缝中求生存，这一点从近几年典当行业的整体发展态势上可见一斑。目前，我国典当业典当总额与资产规模均较小，行业亏损面较大，行业区域发展不平衡现象突出。尽管典当业因其低门槛、灵活便捷等特征而与中小微企业以及个人的短期融资需求天然匹配，并且随着时代的变迁又衍生出诸如“保险箱”“淘宝店”“鉴赏家”等多种功能，但是总体上看，典当行业仍然因为行业整体形象存在较多负面因素，导致社会认知存在误区。此外，典当业相关政策法规建设的滞后、同业竞争的日益激烈，尤其是典当专业技术人才的缺乏，都使得典当业的转型发展面临困境。

典当行被重新定位为金融机构，可以说是典当行业在新的历史时期面临的重大机遇。如何在上海建设国际金融中心的关键冲刺期寻求自身发展的机遇，是典当行业需要思考的重要问题。在当前国际金融中心建设的关键历史时期，各界的一个普遍共识是，人才越来越成为金融中心建设乃至各类金融机构发展的核心问题。作为金融体系的一员老将和新兵,典当行业所面临的人才问题或者说人力资源问题显得更加突出,某种意义上甚至关系到整个行业的生死存亡。

新的监管环境与监管制度下,典当业将何去何从?本文拟从近年来典当行业整体发展趋势的分析入手,梳理新监管背景下典当行业发展的新动向,以及制约典当业发展的相关人力资源问题,并进一步探讨促进典当业发展的人才之道。

一、近年来典当行业的整体发展趋势

在典当监管职能划归银保监会之前,商务部流通业发展司曾不定期在"全国典当行业监督管理信息系统"中发布典当行业运行情况。由于典当监管职能的交接,目前该系统公布的统计数据截至2018年2月。尽管如此,从相关数据中仍然可以看到典当行业的整体发展态势。此外,包括上海典当行业协会在内一些地方典当行业协会也定期发布一些数据,有助于我们把握典当行业发展的趋势与动向。

(一)整体发展放缓

"全国典当行业监督管理信息系统"相关数据显示,截至2018年2月,我国共有典当企业8 532家,分支机构950家,注册资本1 731.3亿元,从业人员4.5万人,企业资产总额1 641.2亿元。尽管典当业企业数量在持续上升,但从业人员数量并未随之增加而是呈现下滑态势。2015年到2018年2月,全国典当行业从业人数大约从6.3万人减少到了4.5万人,减少了近30%。从业人员数量的绝对减少说明行业发展景气度的实质性降低。

上海的情况也清晰地显示出当地典当业发展整体放缓的态势。上海典当行业协会发布的上海典当业2018年统计分析年报显示:2018年,上海仅新设典当1家,但取消、终止经营企业进一步增多,导致经营网点数下降至305家，其中全市典当企业242家，分支机构63家。①

2018年，上海典当行业业务笔数、典当总额虽然同比去年继续下滑，但下滑幅度收窄，收入同比去年上升4.68%。过年几年间，上海典当企业的两极分化情况进一步突出，龙头企业与经营不善企业呈现鲜明对比。这些都在一定程度上显示出行业发展面临调整、整体放缓的趋势。

在业务结构上，近年来上海典当行业呈现以下特点：

一是房地产业务比重继续加重，成为行业业绩稳定的主要来源。2018年度，上海典当行业房地产业务收入同比下降2.33%，维持去年起开始呈现的下降幅度收窄局面；但所占比重继续加重，达到65.3%。

二是民品业务下滑趋缓，比重稳定在20%左右。2018年，上海典当民品业务同比去年下降4.44%，连续的快速下滑势头得到明显遏制，所占比重也稳定在二成左右。其中金银珠宝类业务占63.18%，同比上升5.43%，依旧是最传统、最主要、最稳健的民品业务。艺术品、生活资料及其他民品分别占总份额的14.87%、8.03%、13.92%，且规模同比均有不同程度下降。全市共有150家企业从事民品业务，其中36家只从事民品业务。民品业务规模过亿的企业有20家（其中1家过10亿），多于去年的17家。

三是生产资料典当业务几乎边缘化而无人问津。2018年，上海典当行业生产资料类业务继续保持下降态势，下降幅度高达下降29.85%。尽管下降幅度相比上年有所收窄，但总体占比上首次低于机动车业务，仅为1.3%；从事生产资料典当业务的企业数已降至个位数，仅为8家。源自2013年钢贸业务失败的巨大冲击，至今仍未消除其负面影响。

四是财产权利业务逐渐筑底，未来有望缓慢提升。2018年，上海典当行业财产权利业务同比去年下跌5.98%，业务占比仍为一成左右没有明显变化；从事财产权利业务的企业数为59家，逾期业务不足5%。从数据上

① 《上海典当行业2018年统计分析报告》，《上海典当》2019年第64期，第20—28页。下文关于上海典当业的相关数据，如无特别说明，均引自该报告。

看，财产权利业务连续几年出现窄幅下跌，逾期率逐年下降，风险可控，有逐渐筑底迹象。

总之，在外部经济环境继续下行的压力下，行业整体业绩继续下滑，但下滑幅度收窄。除机动车业务强劲反弹外，其他各主要业务品种几乎都呈现发展放缓的态势。上海乃至全国典当行业发展放缓的趋势十分明显。

（二）整体发展放缓的主要原因

从外因上看，不断放缓的国家经济发展大环境，民间金融市场的竞争乱象，商品流通和消费市场格局的改变，使得联结金融与商品流通两大领域的典当业不可避免地受到影响。

典当虽然不属于主流金融，但作为世界上最古老的融资模式，其服务对象已不仅仅是传统的城乡居民，还包括大量的中小微企业。作为主流金融的补充，典当这种门槛低、方便快捷的直接融资方式满足了各类分散的、小额度的应急融资需求，尤其是广大中小微企业的应急融资需求。也就是说，目前中小微企业已经成为典当行业的主要客户群体。因此，在我国经济持续深入转型、以中小微企业为主的民营经济发展面临阶段性困难的情况下，整个民间的金融市场、消费市场都不可避免地受到影响。典当业的发展放缓也因此成为必然。

在民营经济遭遇困境的同时，以金融创新为口号的各类金融业态却在"野蛮生长"，使得典当这种以传统财物的质押或抵押为基础的融资方式受到较大冲击。而在一些诸如非法集资、暴力催收等金融乱象出现时，典当行业又无端地受到牵连，行业形象不断受损，极大影响了典当业的整体发展。

从内因上看，典当行的业务结构不合理，金融风险意识不够，行业内竞争过度，贪大求快，运营管理技术水平低等都是长期存在的问题。近年来出问题的多数典当企业是那些贪大冒进、想赚大钱快钱的典当行。从全国来看，有 90%以上的典当行并不做民品典当业务的而只做所谓的大业务。上海的状况也基本相似。一些典当行是大股东自身出了问题继而影响典当行的正常周转。而由于用人不当,风险防控能力薄弱,或业务产品结构单一,客户来源狭窄,有限几笔业务出现逾期违约就导致公司运营停摆的现象也屡见不鲜。更严重的是,有的典当行甚至触碰法律监管红线,给自身和整个行业都造成了不可弥补的伤害。

在业务下滑利润降低的同时,典当企业的租金成本、人力资源成本却在持续上涨,无疑使得典当行业的发展雪上加霜。可见,如果仅从内因的角度看,"人"的问题是首要的,一方面是专业技术人员与普遍从业人员甚至高级管理人员、大股东的行为失范,另一方面是人力成本的绝对上涨。只有解决好"人"的问题,才能从根本上扭转当前整个典当行业发展整体放缓的态势。这也是本文试图从人力资源的角度,探讨典当业转型发展之道的根本用意所在。

2019 年,上海典当行业开始了自改革开放后恢复典当业以来的第四个十年的征程。30 余年的历程中,上海典当行业曾一度出现过高速发展、生机蓬勃的景象。但是近年来,在内外各种因素叠加的影响下,典当行业面临着前所未有的困难。在此背景下,典当业主管部门的变更对典当业而言既是机遇也是挑战。典当业应在新的定位、新的监管背景下,把握典当业务发展的新动向,梳理制约行业发展的相关问题,乘着上海建设国际金融中心的东风再出发。

二、新监管背景下典当行业发展的新动向

金融由于其本身的特殊性及对经济发展的核心作用,历来处于强监管的领域。强化监管将是未来金融监管的主要基调。强监管意味着一切金融机构及其行为都将被纳入监管体系中。一些先前处于监管空白、监管真空、监管套利的民间金融和不太规范的类金融都将面临新的监管挑战。未来我国的信贷体系将在守住风险的前提下,信贷市场的层次将更加丰富、更加完善。典当行的监管历经中国人民银行、国家经贸委、商务部等多个

部门后，2018 年正式回归金融体系，由银保监会履行其监管职责。

依据中央关于金融发展与监管的相关精神，结合典当行业的业务特征，未来一段时期对典当行的监管将可能重点强化以下两方面内容：

一是继续加强行政许可管理，强化金融机构必须持牌合法经营，避免无牌机构非法从事金融业务。典当行经营许可证的管理、变更等重要事项的备案管理将成为监管的重要内容。二是借助先进的监管科技实施更加高效的监管。加强监管理念的贯彻落实需要借助先进的监管系统。金融科技是未来金融机构发展的重要内容。相应地，监管科技也将同步地发展起来，以便适应日新月异的金融科技的发展。借助先进的监管科技，对包括典当行业在内的众多金融机构实施监管，将是未来金融监管的重要手段。

（一）新监管环境对典当业发展的影响

总的来看，新的监管制度与监管手段对典当行业的影响将体现在以下几个方面：

1. 制定《典当管理条例》，确立典当行业的法律地位

典当业自 1987 年恢复经营以来，最受人诟病的就是典当法律地位的缺失问题。现行的《典当管理办法》系 2005 年公安部与商务部联合制定，属行政规章，效力层级低于法律和行政法规，许多内容已落后于快速发展的行业现实。尤其需要指出的是，典当行业的法律地位模糊，在诉讼案件中只能套用民法、担保法等的相关规定，极不利于行业的整体发展。

多年来，制定《典当管理条例》的呼声一直很高却未能完成。划归新的监管部门后，业界普遍期待在专业监管部门的领导下，按照金融顶层设计制定新的法律法规，明确典当行业的法律地位。典当业是金融体系的一员老将和新兵，其法律地位的缺失不利于整个金融体系的发展。因此，确定典当行业的法律地位，制定《典当管理条例》或制定新的法律法规势在必行。

2. 调整典当行业业务模式与结构

在现代金融体系中，典当行业的层次较低，这是典当自身的地位与作

用决定的，毋庸置疑。在立足金融的顶层设计，建立分层次监管的思路，明确各层级的监管措施和方法的基础上，进一步调整典当业务模式与结构的问题将水到渠成。

民品业务是典当的传统业务，是典当业发展的根源所在。新的监管环境下，民品业务有望得到进一步的鼓励和强化，以突出典当业普惠金融的特色，体现其保障民生的功能。

近年来日益成为典当行业业务主要支柱的房地产业务，一方面拓宽了典当的经营范围，扩大了经营规模，另一方面也不可避免地导致业务结构的单一性、不均衡以及风险的放大等问题。尽管未来取消房地产抵押典当业务的可能性不大，但进一步规范房地产业务，例如限制房地产抵押典当的额度却有较大的可能性。

此外，股权业务的创新也将被限定在金融监管的大框架下。总之，典当业务模式和结构的调整将以防范风险为首要前提，在此基础上才能保障典当行业的平稳运行。

3. 有望放开一些业务限制

2018 年初，对专业从事民品业务的企业来说，“方圆一千米周围不设第二家典当行”这一限制在上海已经取消，一方面帮助企业破解了选址难题，保障了民品业务企业的经营连续性，另一方面也间接地促进了民品业务的增长与稳定。未来，随着《典当管理办法》的修订以及新监管制度的陆续发布与落实，一些不利于典当业发展的限制与规定将得到进一步的清理。

现行典当管理办法的一些规定过于严格。对此，业内人士普遍希望在保障安全的基础上能够给予典当行业更大的业务操作空间。

4. 成立全国性的典当行业协会

目前，全国性的典当行业协会尚未成立。推动成立全国性的典当行业协会，将有利于行业在新监管部门的领导下，加强自律监管职责，促进政府监管与行业自律的有效结合。全国典当行业协会将有力地协助监管部门开展日常监管,在培训、维护行业权益、调处经营纠纷和建立完善行业诚信体系等方面发挥积极作用。

总之,新监管背景下,一方面对典当行的日常管理将更趋严格,另一方面一些具体的业务限制将有望放开。移交监管后,对包括典当行在内的三类机构的监管已正式开展,一些地方性的监管措施和方法也在陆续出台;日常管理也将不断加强,并且直接体现在对典当行业的行为监管上;全行业的检查整顿工作也将在今后一段时期内全面启动。

(二) 新监管背景下典当业务发展的新动向

纵观近年来的行业发展数据,房地产典当一直是行业业务收入的主要来源,长期保持着 50%以上的份额,上海的比重更是高达 65%左右。传统民品业务的业务量占比较高,但是其成交额却不足三分之一。除房地产业务和民品业务外,以存款单、股票、公司股份、专利权等为代表的财产权利典当正逐渐兴起。

为适应新的监管环境,典当业正积极调整其业务结构和发展模式。适应整个金融行业金融科技发展的大趋势,典当行也必将接受金融科技的洗礼,从业务模式的提升入手,开始全新的旅程。未来,随着典当行业进一步回归本源,民品典当的重要性将进一步突显,典当的“保险箱”“淘宝店”“鉴赏家”等新功能将更多地为人所知。

1. 民品典当的重要性将进一步突显

从业务结构分布情况来看,无论是全国还是上海,典当业的房地产业务占比都是最大的,其次才是民品典当。从历史发展的角度看,民品典当是典当业发展的根源所在。民品典当是典当业区别于其他金融行业的根本所在,是其主要特色与核心竞争力所在。而从国外典当行的发展趋势来看,民品业务也一直都是典当业最重要的业务类别。伴随我国消费升级的进一步实现,未来国内民品典当业务或将出现拐点,市场空间将逐步扩大。

民品典当业务之所以在典当行业中占据重要位置,一个重要原因是民品业务受宏观市场环境的影响较小,甚至宏观经济环境不利时民品业务还可能逆势上涨。因此,民品业务具有较强的对抗经济周期的作用。正因为此,一个典当行能否在长期发展中不受市场环境影响,最主要的一个因素是看其典当民品业务是否做得好。民品典当业务做得好,典当行的经营就基本不会受到宏观经济环境波动的不利影响。

因此,民品典当业务不仅应该是也必将是典当行未来发展的一个重要方向。民品典当业务一方面能为典当行赢得更多客户,另一方面能为典当行带来其他相关典当业务(例如房产典当、机动车典当等)的机会,是典当行推广其品牌、体现其惠普金融特色,突出其民生保障功能的重要业务类别。

未来进一步拓展民品典当业务,要求典当行一方面充分了解并把握消费者的消费心理和借贷需求,跳出现有的房、车、珠宝、奢侈品等传统场景,适应未来消费升级需求,发掘更多的业务场景。在此基础上,依托良好的品牌和过硬的服务,真正将典当的本源业务做强做精,突显典当的业务特色。

2. 典当的"保险箱"功能将更多地为人所知

典当业务的一个重要环节涉及对当物的存放与保管。当品的价值与典当行的经营风险和利润所得息息相关。因此,典当行必须具备专业的存放空间与保管技术。正是看到了这一点,一些客户在出差、旅行时将家中的贵重物品通过典当的方式质押于典当行,但只象征性地借出较少的当金,即可以较低的费用将物品安全地存放于典当行这个"保险箱"中。与银行等机构的保险箱相比,典当行的"保险箱"功能综合费用更低,手续更便捷,并且还适合存放较大体积的物品。

随着居民生活水平的不断提升,以及贵重物品甚至奢侈品养护保管需求的不断增多,典当的"保险箱"功能将更多地为人所知。

3. 去典当行"淘宝"正在成为现实

20 世纪八九十年代,日本泡沫经济达到顶峰,高端奢侈品的消费需求一路上扬,出现了诸多专门从事名牌包、珠宝、手表代购的机构。随后日本经济的持续低迷迫使许多人不得不变卖手中的奢侈品,极大地催生了日本的典当和寄售行的发展。

目前,我国正处于消费全面升级的进程中,奢侈品等各类高档消费品的需求不断提升,甚至出现了借贷消费、过度消费的情况。可以预见,随着消费升级的不断实现,市场对奢侈品的典当变现需求也将不断提高。

为此,不少典当行正在加速布局民品商场店业务或寄卖业务,既提供“质押—赎回”的服务,也允许客户直接将手中的物品售卖给典当行或交由典当行代卖。目前,这种当品售卖多采用“线上+线下”相结合的方式,去当品淘宝店淘宝正在成为一种时尚。

在这种模式下,典当行实际上起到的是销售平台的功能,赚取的是中间差价和服务费。而对于消费者而言,典当行销售的商品一方面有典当行的品牌信誉作为背书,商品的真伪有保障;另一方面,典当行的商品相比专柜新品,具有极大的价格优势。一些对价格敏感的消费者将更乐于选择典当行的售卖商品。

4. 典当行将充当专业可靠的鉴赏师

典当行根据当品的价值发放当金,当品的价值鉴定也因此成为典当业务尤其是民品业务的核心环节。典当行鉴定当品价值的专业技术人才一方面是典当业重要的风控专家,另一方面也能充当为社会大众提供鉴定服务的专业可靠的鉴赏师。

随着人们生活水平的日益提高,通过“礼尚往来”或电商平台购买等获得的奢侈品也日益增多。由于是非主动购买或是通过非官方渠道购买,消费者想要通过专业部门鉴定物品价值的市场需求便自然产生。相比于珠宝行、名品店等机构,将相关物品带至典当行询价可谓是更直接更便捷的鉴定方式。鉴定当品价值的专业技术人才不仅能帮助消费者鉴别物品的真伪,还能当场估价,既安全可靠又简单快捷。

三、当前典当业人力资源发展存在的主要问题

人力资源是一个广义的概念,既包括领导者、管理者、专业技术人员,

也包括一般的业务人员等。作为金融体系中的老将与新兵,典当行业的人力资源问题具有其他金融不同的特点,面临不同的问题。在当前民营经济发展遭遇困境、监管新背景下,这些问题显得更加突出。

从以上分析中可以看到,无论是典当业的整体发展放缓,还是典当业发展可能呈现的新动向,都从根本上与典当业的"人"的问题密切相关。能否在未来的竞争与发展中,牢牢抓住"人才"这一牛鼻子,是关系到典当业发展的重中之重。解决好"人"的问题,理顺了企业内部的治理机制,才能着力于培育核心技术人才,提升从业人员的整体素质,最终从根本上促进企业和行业的发展。

人力资源的问题具有多重性。对典当行业来说,人力资源的问题首先还不是近年来业界一直强调的专业技术型人才缺乏的问题。首要的是战略管理型人才,也就是典当企业的领军人才的问题,具体包括企业领航者的业务能力、管理能力以及心理素质等多个维度,包括企业领航者能否找准方向、清晰定位,能否守住初心、稳健发展等。企业领航者之后,其次才是专业技术人才的问题,包括相关技术人才的风控能力、业务拓展能力、品牌建设能力、当品鉴定能力等多个方面。简言之,就是技术、服务与品牌三个方面的能力。典当行业人力资源相关问题的第三个层次是企业内部的人力资源管理问题。

从这三个层次上看,当前典当行业人力资源相关问题具体体现在以下几个方面:

(一)企业领航者的素质仍需进一步提升

随着时代的发展,越来越多具备金融、商贸、法律等专业知识和业务背景的创业者涉足到典当领域。不可否认,今日典当行的掌门人已不同于旧时代当铺的大掌柜。

但是与其他金融行业领航者相比,由于相对而言典当业的进入门槛较低,多数典当企业的创始人和高级管理人员的经历较为复杂,没有经过严格正规的训练和相关工作历练,有一定的投机心理。一些典当企业创始人在特殊的历史背景下开始涉足典当业务，虽然取得了一定的成功，但是面临新的经济形势和监管要求，却难以自我提升、及时转型，不利于企业自身与行业的发展。典当企业领航者的综合素质仍需进一步提升。

（二）典当复合型人才不足

典当的行业定位决定了典当企业所需要的人才必须兼具金融、商务、投资、法律、财务等多领域的知识与经验。典当的质押品类别十分丰富。典当从业者不仅要对各类质押品有较深刻的理解，能够准确判断质押品的价值，还要了解金融、法律、会计、税收等多方面知识。这就决定了典当人员必须是复合型专业人才。

不仅民品典当需要复合型专业技术人才，诸如动产质押典当、财产权利质押典当、房地产抵押典当等业务也都需要相应的复合型专业技术人才。但是现实情况却是，踏实做品牌做技术、强化企业制度苦练内功的领航者不多，各类复合型专业技术人才更是匮乏。

典当业一直是边缘小众行业，从业人员较少。典当业的经营发展受宏观经济环境影响较大，许多典当机构经营不稳定，行业亏损面大，行业薪资报酬不具有吸引力，因此难以吸引到所需的复合型专业人才，导致典当业从业人员普遍专业素质偏低，复合型专业技术人才短缺的现象严重。

此外，行业从业人员的整体诚信水平也有待进一步提升。由于历史上负面形象的影响，典当业重新复出的时间也不长，典当从业人员的整体诚信水平不及其他金融行业人员。

（三）专业鉴定人才尤其匮乏

典当抵押品价值的确定是典当业务开展的核心环节。专业鉴定人才是典当业发展所需的核心人才。目前，在典当业房产、汽车和民品三大业务中，民品鉴定师的人才需求最为紧迫。

未来几年，民品典当市场将持续扩大，包括黄金、珠宝、玉石、名表、古玩、字画等在内的民品类别将更加丰富，亟需具备资质的各类民品典当鉴定师。古玩、字画不能完全依靠仪器检测，珠宝、玉石仅凭鉴定证书也不能鉴定真伪。因此，许多民品的真伪判断及价值的确定仅仅具备专业知识还远远不够，还需要具备深厚的实践经验。典当鉴定师很多时候靠的正是多年经验积累产生的所谓眼力和直觉。一名合格鉴定师的成长需要较长时间，专业鉴定人才的整体数量供给本身就很不足，能够为典当行业服务的数量就更少了。

由于专业鉴定人才匮乏，目前市场上一些典当行只能寻求民间鉴定专家的帮助，例如聘请一些珠宝行业以及收藏界的专业人士担当鉴定师，不仅费用高昂，而且还可能出现多名鉴定师意见不一致，最终“买卖没做成，专家费照付”的尴尬局面。

（四）典当专业人才的培养机制不畅

中高等院校是培养各类专业人才的主要渠道。但对于典当行业来说，这种专业的人才培养通道并不畅通。目前，典当专业只在极少数院校例如湖北经济学院、南开大学滨海学院、上海新侨职业技术学院等尝试性地开设；另有些院校也只是在相关金融专业中增加一两门典当相关课程，但没有配备独立的师资、教材、实验室等。院校培养典当专业人才的机制仍不完善。

目前，典当行业还没有完善的职业资格认证和人才培养制度。典当的人才培养还主要是依靠企业和行业内部的师徒相授模式。这种培养模式有其不可取代的优势，典当人才成长的特殊性也决定了师徒相授模式的必要性。在我国历史上，典当鉴定本领的传承都是通过师傅带徒弟的方式完成的。但目前令人尴尬的是，不仅好的师傅难寻，愿意花上几年时间专心学习的徒弟也难觅。

典当鉴定人才的培养缺乏有效的机制与途径，是典当鉴定人才短缺的主要原因。一方面是传统的师徒相授模式难以满足行业的人才需求，另一方面是院校培养模式的通道不畅，开设典当相关专业的院校凤毛麟角。

（五）典当企业的人才管理仍处于起步阶段

人才缺乏的背后是典当行业难以吸引人才、难以留住人才的现实。典当企业亟需在建设现代企业制度、完善企业公司治理的基础上，提升企业人力资源管理的水平，以良好的企业形象和规范的人才制度吸引人才、留住人才。

目前，典当企业本身多数属于中小企业。大多数典当企业的现代企业制度建设还十分滞后，人力资源的管理仍然处于起步摸索阶段。一方面，多数典当企业没有规范的职业经理人制度，家族式治理较为常见。家族式治理有其有利的一面，不利的一面就是难以吸引到优秀的人才。另一方面，即使不是家族式治理，多数典当企业因尚处于发展初级阶段，未能建立有效的人力资源管理制度，包括人员招聘、员工薪酬、职务晋升等在内的激励约束机制要么缺乏，要么还很不健全。

当然，一些较大的典当企业在人力资源管理方面做出了有益的探索，例如在业务人员中设置典当助理、初级典当师、高级典当师、首席典当师等；在管理人员中设置助理、主管、店长、经理等；一些典当企业还设置有法务总监、业务总监等职位，形成了规范有序的职业晋升制度，为企业吸引和留住人才创造了有利的制度条件。

未来几年，典当业有望走出当前的低谷，但人力资源的相关问题将进一步突显，对相关人才的数量需求将进一步扩大，对人才质量的要求也将进一步提升。只有解决好人力资源的相关问题，才能推动典当行业尽快走出当前困境，孕育新的发展动力，获得新的发展空间。

四、推动典当业持续发展的人才之道

2019 年 5 月 23 日，上海市地方金融监督管理局发布了《关于进一步促进本市融资租赁公司、商业保理公司、典当行等三类机构规范健康发展强化事中事后监管的若干意见》，对典当行等三类机构人力资源的管理和培养等问题提出了具体要求。

该《若干意见》要求，三类机构应加强从业人员的管理及培养教育，着力配备具有金融、贸易、法律、会计、鉴定、评估等专业知识技能和从业经验并具有良好从业记录的人员；担任企业法定代表人、董事、监事、高级管理人员等相关职务的人员应当信用良好；担任企业总经理、副总经理及风险控制、合规稽核、财务管理部门负责人（或实际履行相关职责人员）等高级管理人员，应当熟悉经济金融工作，从事融资租赁（租赁）、保理、典当或相关金融机构运营管理工作三年以上，或从事相关行业工作五年以上。

在提升公司治理水平方面，意见要求典当行要完善公司章程，建立健全以股东（大）会、董事会（执行董事）、监事会（监事）、高级管理人员为主体的组织架构，并对各主体之间相互制衡的责、权、利关系做出制度安排，切实保障建立明晰的治理结构、科学的决策机制、合理的激励机制以及有效的约束机制。

可以说，《若干意见》的出台正当其时，与典当行业今后的改革发展息息相关。解决典当行业面临的相关人力资源问题，应坚持科学发展、以人为本，分层次、有针对性地开展典当行业监管人员及从业人员培养工作，以人才培养带动行业发展，以行业发展优化人才结构，为促进典当业规范健康发展奠定基础。

具体而言，在从传统当铺向具有自身特色的现代金融机构转型的过程中，典当行业可从以下几个方面分阶段、分层次地寻求自身的人才之道。

（一）重塑典当行业形象，以全新的行业形象吸引人才

受历史和现实等因素影响，传统当铺的刻板印象仍然存在于社会大众的认知中。这种刻板印象不仅不利于典当企业吸引和留住人才，还极大地影响了企业的业务拓展。典当业的整体行业形象亟需一次全面的更新。

典当行重新定位为金融机构，是典当行业重塑其行业形象的良好契机。典当企业可通过多种手段，强调其正规金融机构的历史与现实，其方便、快捷、亲民的普惠金融特质，其天然地与中小微企业的亲密伙伴关系，其专业高端的鉴定大师形象等。这几个不同维度的形象刻画都可以作为典当行重塑其行业形象的重要内容。

（二）优化企业治理结构，以良好的发展愿景留住人才

就一家典当行而言，市场营销类、风险控制类、经营管理类、民品鉴定类人才是其必须具备的人才类别。这些不同类型的人才要能够凝聚在一起,必须依靠强有力的公司治理。家族式治理难以吸引到外部优秀人才,也难以留住优秀人才。要能够事业留人,情感留人,必须首先创造良好的企业发展环境。

另一方面,与其他同等层次的金融机构相比,典当行业在薪资报酬等方面并不具备优势。因此,典当行业更需要在制度建设上下功夫。只有努力苦练内功,形成完善的企业治理机制,才有可能凝聚人心,激发起各类人才的事业心,最终吸引和留住人才。

（三）充分发挥行业协会的作用,推动多层次的人才培养工作

2010 年 12 月,商务部曾发布过《关于做好典当业人才培养工作的指导意见》,要求在典当行业实施“人才强商”战略,统筹规划典当行业人才培养工作。如今,典当业的监管职责已转移至金融体系,相应地推动典当人才培养的工作也将转移至各地金融监管部门。鉴于金融监管部门的具体事务众多,行业协会更宜担当起在主管部门指导下,统筹规划行业人才培养的重任,以创造良好的人才发展环境为重点,探索多元化人才培养模式,推动多层次的人才培养工作。

首先是做好典当企业的高级管理人员的培养工作。通过培训,使典当高级管理人员了解经济金融发展趋势,全面理解和掌握法律法规基本要求和典当业相关政策,建立现代企业经营理念,增强管理者的责任意识和风险意识,提高企业经营管理水平,确保典当企业依法合规经营。

其次是做好典当从业人员的培养工作。通过培训,提高典当从业人员的整体综合素质,熟悉法律法规及相关政策,熟练掌握典当业务操作规程、技术要求及基本服务礼仪;财务人员掌握金融、会计、财税知识;评估鉴定人员掌握当物鉴定、资产估价等技能。

此外,行业协会还有必要协助相关部门共同做好典当业监管人员的培养工作。通过培训,使典当监管人员熟悉典当业的发展特点,准确把握典当监管的关键环节,提高对典当企业违法违规和经营风险的识别能力和监管水平，增强对典当企业经营管理中的热点、难点、焦点问题的理解与判断，及时协调相关政策，为典当业营造良好的发展环境，促进行业发展。

（四）严格行业规范，实行从业人员凭证上岗

典当业具备较强的专业性。由于涉及相关金融业务，防范金融风险的任务不容忽视。为此，一方面要大力提升从业人员的整体素质，另一方面要严格规范业务流程、切实降低风险。

在严格行业规范的同时，要适时对新增典当企业进行行业准入教育，使其了解和掌握必要的法律法规和政策要求，强化经营者诚信守法和职业道德意识，严格操作程序，确保新入行企业高起点、规范化经营。

在此基础上，可借鉴台湾地区等地的相关经验，结合行业培训和企业内部的自我培训，逐步推行典当任职资格认证工作，实行从业人员全部凭证上岗制度。典当高级管理人员及从业人员都必须取得相应的培训合格证书及任职资格证书。

通过建立典当业全方位、分层次、有针对性的轮训制度，在全行业形成学习氛围，建立长效学习和继续教育机制，推动素质优良、知识全面、业务过硬的典当业人才队伍的全面建设。

（五）与相关教育机构合作，培养专业技术人才

典当行业特殊的业务特点决定了其人才培养需要“师傅带徒弟”的传统模式，也需要现代教育机构的批量人才培养模式。只有两种模式相结合，才可能一方面满足企业对人才数量的需求，另一方面满足企业对人才质量的需求。

典当行业的人才困境某种程度上并不是高薪就可解决的问题。特别是民品典当涉及的门类繁多，每一个步骤每一种品类都需要长期经验的累积。即使是专门的机构或院校培养的毕业生也不能马上真正融入行业，顺利出师并独当一面，通常都需要三到五年的历练才能独立上手业务。

为此，一些典当企业为相关专业大学生提供实习岗位，让学生提前有机会接触典当业务，尤其是见识珠宝、艺术品等民品业务，了解典当相关流

程和业务特点，为企业招聘人才做准备。对于进入企业的不同专业方向的人员，企业通过进一步的学徒制人才培养方式，强化人员的实践经验，让各类人员在干中学，在干中培养出对典当事业的热爱之情。

上海典当行业协会与上海工商职业技术学院合作的经验值得借鉴推广。协会除了参与典当选修班的教学课程外，还选派专人教授学院的典当专修课程，参加学院部分毕业生的论文指导答辩工作，为行业选拔新生力量、培养专业人才奠定基础。上海典当行业协会还充分利用典当研究中心的科研优势，努力推动建设一支理论研究队伍，为行业的发展建言建策。

为建立长效的培训机制，典当行业应依托主管部门和行业协会，一方面着力建立一支稳定的培训师资队伍，根据行业培训需要，从高校、研究机构、培训机构和行业内部遴选具有丰富理论素养、较高政策水平以及较强实践经验的专家、学者及政府官员作为备选师资，建立典当人才培训师资库。另一方面加强与高校、科研院所的合作，发挥和利用好高校现有师资、软硬件设施等教学资源以及典当研究机构的科研优势，建立低成本、高效率的典当经营管理人才培训基地。

参考文献：

陈盛情：《典当未来发展趋势分析》，2019 年 3 月 5 日，https://mp.weixin.qq.com。

刘丛：《典当，古老行业的今日困局》，2019 年 5 月 1 日，http://www.zichanjie.com/article/673367.html。

刘丛：《典当，未来通向何处？》，2019 年 5 月 3 日，http://www.zichanjie.com/article/624594.html。

上海行业协会行业：《上海典当》各期。

执笔人：李双全

美国、英国典当业发展及行业监管新趋势

典当行业作为现代金融业的鼻祖,拥有悠久的历史,伴随着人类活动中的融资需求而产生,贯穿于奴隶制度、封建制度、资本主义制度以及社会主义制度等不同的社会形态中。如今,经过岁月洗礼的典当行业正在不断适应现代经济社会发展的特征,凭借其便捷性和平民化的特征,朝着主流融资机构的有益补充这一方向不断发展。尤其是近一二十年来,世界范围的典当行业正处于重新崛起且日渐兴盛的态势,特别是在欧美国家,典当行业的发展目前呈现出数量众多且管理完善的格局,这其中又以美、英两个国家的典当业发展最具代表性。

一、美国典当行业发展及监管

(一)美国典当行业的发展概况

美国典当行业在17世纪50年代出现,历经三百余年的发展,目前行业规模已经达到全球首位。美国典当业是在欧洲移民的影响下开始兴办的,最早的典当行于1657年出现在纽约,之后保持缓慢发展态势。直到18世纪末期,鉴于商业银行无法满足广大社会下层人民的融资需求,美国许多城市开始大力发展典当行业,由此美国典当行业开始进入快速成长的阶段。19世纪初期,美国典当业已经进入了繁荣发展的阶段,典当市场不断扩大和膨胀,典当行数量也随之增加,称为中小客户借贷资金的主要渠道。进入20世纪后,随着美国国力增强和金融业空前发达,美国典当行业也呈

现出良好的发展势头。但由于两次世界大战以及经济危机的冲击,美国典当业兼并、破产此起彼伏,整个行业迅速衰落。直到 20 世纪 80 年代末期,美国典当业才走出低谷,并在庞大的低收入客户群体基础上,短时间内迅速膨胀,无论是典当行数量、市场容量,还是发展战略、营销手段,都称为世界其他国家典当业发展的引领者。目前,全美拥有近 20 000 家典当行,约 80 000 名典当从业人员,主要企业包括 First Cash Financial Services Inc.、Ezcorp Inc.、Cash America International Inc.、Pawngo、Ultra-Pawn、LLC、American Jewelry and Loan、Dollar Financial Group Global Corporation。其中比较著名的是得克萨斯州的三家上市典当公司 Cash America、First Cash、EZCORP。

当代美国典当行业的发展呈现出以下几个方面的特征:

第一,典当客户群体以中低收入群体为主。美国典当客户来自各行各业,其中主要是工人和小企业主这部分中低收入群体,大约 500 万—600 万人,占美国消费群体的 28%,涉及美国近四分之一的家庭,他们在银行没有账户或信用额度,无法从银行取得短期融资。特别是在一些商业银行不愿设置分行的低收入地区,典当行提供的金融服务对当地贫困人口维持生计起到重要作用。而近些年美国典当业也开始逐渐扩展客户群体和创新服务项目,针对不同对象划分为普通客户、特殊客户以及贵宾客户,对应设置应急性典当和消费型典当业务类型,以此增加典当行业在美国的普及程度。

第二,大力推行并购扩张经营策略。以 Cash America、First Cash、EZCORP 美国三大上市典当公司为例,在过去 15 年中,它们不停地推进收购事项,扩展国内经营规模和业务领域,开辟墨西哥等拉美市场。2016 年 9 月 1 日,三大巨头公司中的 First Cash Financial Services Inc.与 Cash America International Inc.更是直接合并成立了 First Cash Inc.。美国典当行业这种并购扩张的经营策略,使得典当企业可以获得一定程度上的垄断地位和竞争优势,减少恶性竞争的可能性,有助于营造健康稳定的典当行业环境。

同时也可以大幅度减少进入新市场和开展新业务的成本,降低发展的风险成本,同时还可以获得目标典当行在已有领域的技术、信息、客户群落和管理经验,快捷有效地拓展典当行的经营边界。

第三,典当企业线上、线下融合发展。一方面,作为全球企业连锁制的发源地,美国典当业也普遍采用连锁经营方式,特别是大中型典当行,都将连锁经营战略作为扩展市场规模的重要方式,公司总部在得克萨斯州沃斯堡市的 Cash America Pawn 公司的连锁典当行不仅在美国国内,甚至是在英国和瑞典均设有分支机构。通过连锁经营,这些典当行甚至发展到了与一些小银行并驾齐驱的程度,在评估、销售、管理等环节实现了统一的管理标准和操作流程。另一方面,随着互联网的普及,典当的在线销售比重也在不断增加,根据全美典当行业协会的调查,有 52%的当铺经纪人表示 2018 年典当行的零售额比上一年有所增长,高达 25%,这很大程度上归因于典当行顺应美国消费者在线购买的消费方式而推行的网络销售方式,改变了传统的实体经营模式。在接受调查的当铺经纪人中有近四分之三使用 eBay 进行在线销售,其他用于典当在线销售的网站还包括 Craigslist、Buya 和 Offer Up。还有 85%的典当商有独立运营的网站,并使用 Facebook、Instagram、Twitter 和 YouTube 等社交媒体进行营销。这样,通过线上网络平台和线下连锁网点,美国的典当行在典当、寄售、拍卖等领域实现了资源优化配置和经营网络资源的共享。

第四,少有房地产典当业务。美国典当范围主要是首饰、珠宝、黄金、电子产品、汽车等民用品以及大额动产,尽管政府法律并没有禁止房产典当业务,但美国却很少有房产典当,主要是有四方面特殊原因。一是美国大多数房产都有多个银行的按揭贷款,并非完全产权的,在处理房屋时需优先偿还银行,到最后剩余价值量较少,对典当行不利。二是典当的房屋保管困难,不能像动产一样便于存放、处置。三是典当行因为人手相对紧张,路途较远去实地调查成本较高,需要去银行调查债务更困难。四是房屋银行贷款利率相对典当低,年利率仅为 6%—7%。

（二）美国典当业的监管体系

美国典当行业的监管体系主要由行业自律和立法调控两个部分组成。行业自律主要体现在全美典当行业协会的设置。全美典当行业协会（NPA）成立于 1998 年，该协会在典当行业的自律、宣传以及培训方面发挥着重要作用，口号是“让行业更强”。全美典当行业协会号召典当行在经营中遵守职业操守和诚信，共同维护行规行约，对违法违约行为及时举报。同时围绕珠宝鉴定、员工继续教育、预防诈骗等主题向典当会员提供多种培训服务，利用一年一度的典当年会进行业务交流与研讨。此外，全美典当行业协会也为政府监管与执法提供积极协助，促进兼顾公平正义又能维护行业信誉的典当法规的制定与完善。在全美典当行业协会的努力下，美国典当行业整体形象正在不断提升。

关于典当行业的立法调控又分为州、地方一级法规和联邦一级法规。美国大多数有关典当行的法规都是由典当行经纪人发起、倡议和制定的，美国每个州都有自己的典当法规，不同州和地方对于典当行业的法律约束略有不同，但总体上监管范围可归纳为市场准入、业务经营两个方面。

在典当行市场准入方面，美国是通过发放许可证对典当行实行准入管理的。这一做法的目的是加强典当行准入前的审查，确保典当行成立后有较为健全的风险防范系统，并能够进行规范经营。审查的三项主要内容通常包括典当行经理有无犯罪记录、可提供净资产是否达到各州法律要求以及典当行经理是否通过执业考试。此外，在典当法中，对发放许可证的收费和调查收费也都有明确具体的规定。而且规定对于如枪支典当类的特殊典当业务，需要核发单项许可证来管理。

在典当行业业务经营方面，州和地方都在各个环节相应颁布了法规条例。首先是典当贷款业务开展场所的确定必须由国家许可，并由所在地的州、地方监管部门进行管辖。其次，典当业务中的典当贷款的金额上限、典当贷款的长短期限、服务费和利率设置、当物的内容与形式以及典当行在处置商品前必须持有购买物品或没收典当贷款抵押品的时间长度等环节也属于州和地方监管的重要内容。对于典当贷款金额,大多数州规定必须遵守当金上限,以突出典当行的小额金融借贷特色,在交易过程中不得任意突破法定数额。对于典当期限的长短规定则主要是从当物的市场行情角度考虑,避免处置死当而难以变现。对于典当利率,则视市场大小、当金供求情况具体制定,一般分为非差别月利率和差别月利率。对于典当物品的性质,受当金额度限制,当物一般也相应属于价值比较低的日常物品。对于典当行对当物的处置,法律在时限上进行了限定,但在此基础上还是保障了典当行自行处置绝当物品的权利。上述各个环节中一旦违反法律,可能会导致典当行在该地特许经营权的丧失,并需要承担罚款的缴纳以及其他民事或刑事责任。

除上述州和地方法规外,典当行和典当交易还受到十余项联邦法规的约束,包括《贷款法则》(*Lending Laws*)、《消费者报告和信息法》(*Consumer Reports and Information*)、《信息共享法》(*Information-Sharing Laws*)、《营销法》(*Marketing Laws*)、《保护军人和家属法》(*Protection of Military Members and Dependents*)、《资金转移和签名认证法》(*Funds Transfer and Signature Authentication Laws*),《债务催收实践法》(*Debt Collection Practices*)、《非公开客户信息的隐私和安全法》(*Privacy and Security of Non-Public Customer Information*)、《反洗钱与经济制裁法》(*Anti-Money Laundering and Economic Sanctions*)、《布雷迪手枪暴力预防法案》(*Brady Handgun Violence Prevention Act*)、《多德-弗兰克华尔街改革和消费者保护法》(*Dodd-Frank Act*)、《支票兑现条例》(*Check Cashing Regulations*)。

(三)企业案例分析

1. Cash America International Inc.

Cash America International Inc.成立于 1984 年,总部位于得克萨斯州沃思堡市,创始人 Jack Daugherty 希望能为那些无法从传统金融机构获得金融服务的人们提供服务。1990 年该公司在纽约证券交易所上市并于

2016年退市，为20个州的900多个地点的美国客户提供专业金融服务，其连锁典当行不但分布在美国国内，而且在英国、瑞典也有分支机构，是美国最大的典当连锁公司和美国最大的跨国典当公司及典当上市公司。该公司旗下主要经营品牌包括 Cash America Pawn、Cashland、Super Pawn、Payday Advance，同时拥有 Mr. Payroll 特许汇兑业务和 Cash Net USA 网络平台。

表1　Cash America 门店数量

门店业务性质	2013年	2014年	2015年
仅提供典当	294	548	548
典当和消费贷款	582	272	253
仅提供消费贷款	40	39	21
特许经营支票兑现中心	90	84	75
合　　计	1 006	943	897

数据来源：Cash America 年报。

表2　Cash America 并购进程

时　间	事　　件
2012年10月	Cash America 完成了对亚利桑那州九家典当贷款连锁店几乎所有资产的收购
2012年12月	Cash America 完成了对肯塔基州、北卡罗来纳州和田纳西州25家连锁典当贷款连锁店的几乎所有资产的收购
2013年8月	Cash America 完成了对得克萨斯州一系列典当贷款地点的大部分资产的收购，其中包括41个经营地点和一个额外的得克萨斯典当贷款地点的权利（正在建设但尚未开业）收购，所有这些都以 Top Dollar Pawn 的名义运作
2013年12月	Cash America 完成了对佐治亚州和北卡罗来纳州34家连锁典当贷款地点的几乎所有资产的收购，这些资产主要以 Pawn Mart 的名义运营

数据来源：Cash America 年报。

Cash America典当行作为主流金融行业的补充，属于非标准金融产品，主要业务包括典当贷款、商品处理、消费者贷款、信用卡兑付和其他金融服务。典当贷款：当从典当行收到典当贷款时，客户将个人财产抵押给典当行作为贷款担保，抵押典当贷款的当品是有形的个人财产物品，如珠宝、工具、电视和其他电子产品，乐器和其他杂项物品。商品处理：如果客户在贷款到期时未偿还或延长典当贷款，典当行将根据州法规成为被没收抵押品的所有者。一旦典当行拥有被没收的抵押品，商品就可以通过零售或商业销售进行处置。美国典当业的绝当比率在25%左右，因此，不只是Cash America，美国整体典当行业都十分重视绝当物品的变卖和销售。消费者贷款：除典当贷款外，Cash America公司还在部分地区提供或安排某些消费贷款，包括短期贷款和分期贷款。短期贷款通常有7至45天的贷款期限，在客户的下一个发薪日支付，每100美元借款收取10至25美元费用。无担保分期贷款的期限最长为12个月，无担保和有担保的分期贷款均要求在贷款期限内分期偿还本金、利息和费用。信用卡兑付和其他金融服务：每个特许经营商根据特许经营商设施内提供的支票兑现服务的总收入支付特许权使用费。

在以上经营业务中，Cash America的主要收入一方面来自销售超过典当期的无法赎回的当品，当品可以是珠宝、工具、电子产品、枪支和其他商品，另一方面是收取高昂的典当费用。截至2015年12月31日，Cash America典当贷款的63.3%是由珠宝担保的，其中大部分为黄金首饰，而Cash America亦通过零售或商业销售出售被没收的黄金首饰。这些黄金当品的价值直接影响了典当服务费，销售收入以及通过零售或商业销售以可接受的保证金处置珠宝库存的能力。在Cash America 2016年退市之前，2015年营业收入达到10.29亿美元，其中处置商品所获得收益占比最高，达到6.21亿美元，归母净利润达到2 756.6万美元。

表 3 Cash America 2013—2015 年的财务数据（单位:千美元）

分业务收入	2013 年	2014 年	2015 年
典当贷款费和服务费	311 799	329 368	318 987
处置商品所得收益	595 439	660 006	620 757
消费者贷款费用	113 211	97 674	82 501
其他收入	10 037	7 648	7 246
总收入	1 030 486	1 094 696	1 029 491
归母净利润	142 528	98 638	27 566

数据来源:Cash America 年报。

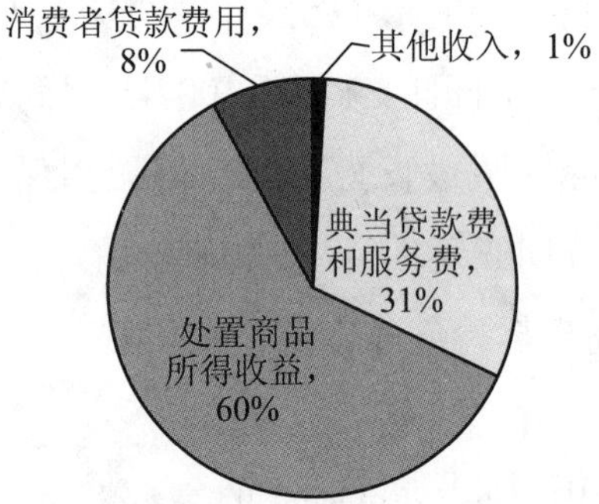

图 1 2015 年 Cash America 主营业务比重

2. First Cash Inc.

2016 年 9 月 1 日,First Cash Financial Services Inc.与 Cash America International Inc.合并成立 First Cash Inc.。合并之前的 First Cash 是一家 1988 年成立于得克萨斯州阿林顿市的典当企业,后来陆陆续续在得州、加州、哥伦比亚特区等 13 个州扩展市场,并于 2003 年 11 月 First Cash 在纳斯达克上市。First Cash 公司很早便进入了墨西哥市场,墨西哥市场甚至已经占据公司的半壁江山,二手车经销、将贷款点开到便利店也都是公司在多元化经营方面的特色。合并之后的 First Cash 经营规模快速提升,已经在美国、墨西哥、危地马拉、萨尔瓦多和哥伦比亚拥有超过 2 500 个零售和消费者贷款地点。截至 2018 年 12 月 31 日，公司拥有 2 473 家店铺，相比 2017 年 12 月 31 日门店数量增加了 17%。

表 4　First Cash 门店数量

门店类型	2014 年	2015 年	2016 年	2017 年	2018 年
典当商店	912	1 005	2 012	2 039	2 456
消费贷款商店	93	70	73	72	17

数据来源：First Cash 年报。

First Cash 主要收入来源包括零售商品销售、典当贷款费用、批发废弃珠宝销售、消费贷款和信贷服务费。2018 财年和 2017 财年的总收入均将近 18 亿美元，核心典当业务的收入（包括典当费和零售商品销售收入）在 2018 年增加了 5 480 万美元，相比 2017 年增长了 4%。毛利润比上年增加 1 930 万美元，毛利率增加 110 个基点至 54%。税前利润率上升 180 个基点至 11.5%，调整后的税前利润率（使用非 GAAP 财务指标计算）增加 100 个基点至 12.0%。利润增加 930 万美元，增幅 6%，调整后的利润，增加了 2 710 万美元，增幅 21%。股本回报率为 11.2%，而有形权益回报率为 37.7%，分别增加 140 个基点和 1 110 个基点。

表 5　First Cash 2014—2018 年的财务数据　（单位：千美元）

分业务收入	2014 年	2015 年	2016 年	2017 年	2018 年
零售商品销售	428 182	449 296	669 131	1 051 099	1 091 614
典当贷款费用	199 357	195 448	312 757	510 905	525 146
批发废弃珠宝销售	48 589	32 055	62 638	140 842	107 821
消费贷款和信贷服务费	36 749	27 803	43 851	76 976	56 277
总　　计	712 877	704 602	1 088 377	1 779 822	1 780 858

数据来源：First Cash 年报。

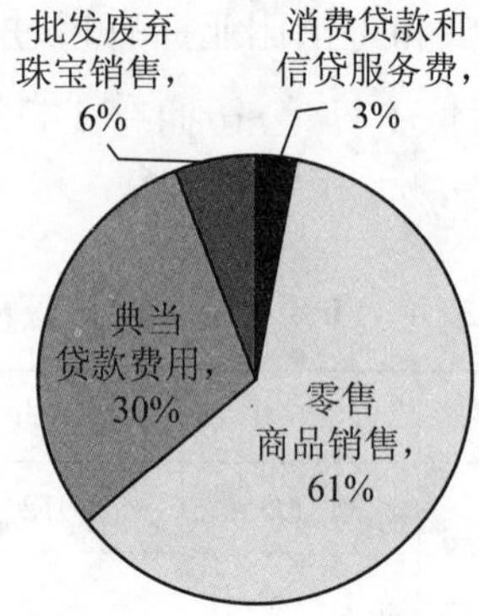

图 2　2018 年 First Cash 主营业务比重

3. EZCORP

EZCORP 公司成立于 1989 年，是美国和拉丁美洲典当贷款的重要提供商。2002 年公司在纳斯达克上市，是罗素 2 000 指数，标普小型股指数，标准普尔 1 000 指数和纳斯达克综合指数的成分股。截至 2018 年 9 月 30 日，EZCORP 共经营 988 个地点，包括 508 家美国典当商店（主要经营 EZPAWN 或 Value Pawn & Jewelry），340 家墨西哥典当商店（主要经营 Empeño Fácil），危地马拉，萨尔瓦多，洪都拉斯和秘鲁的 113 家典当店（经营 GuatePrenda 和 MaxiEfectivo），以及加拿大有 27 家金融服务店（经营 CASHMAX）。

表 6　EZCORP 门店数量

分地区	美国	拉丁美洲	其他国际地区	总和
截至 2015 年 9 月 30 日	522	237	27	786
新开设的网点	—	3	—	3
收购的网点	6	—	—	6
关闭、出售、合并的网点	-8	-1	—	-9
截至 2016 年 9 月 30 日	520	239	27	786
新开设的网点	—	10	—	10

续表

分地区	美国	拉丁美洲	其他国际地区	总和
收购的网点	2	—	—	2
关闭、出售、合并的网点	-9	-3	—	-12
截至 2017 年 9 月 30 日	513	246	27	786
新开设的网点	—	12	—	12
收购的网点	—	196	—	196
关闭、出售、合并的网点	-5	-1	—	-6
截至 2018 年 9 月 30 日	508	453	27	988

数据来源:EZCORP 年报。

EZCORP 主要收入来源典当服务费、商品销售、废弃珠宝销售、其他收入。2018 财年 EZCORP 营业收入 8.12 亿美元,毛利润为 4.829 亿美元,而去年同期为 4.355 亿美元,这主要是受收购门店的推动。由于收购和同店增长导致平均典当贷款余额增加,典当服务费增加了 12%,商品销售额增长 6%,商品销售毛利率提高 100 个基点至 37%,达到公司设置的 35%—38%的目标范围。

表 7　EZCORP 2015—2018 年的财务数据　(单位:千美元)

分业务收入	2015 年	2016 年	2017 年	2018 年
典当服务费	247 204	261 800	273 080	305 936
商品销售	402 118	409 107	414 838	438 372
废弃珠宝销售	57 973	50 113	51 189	60 752
其他收入	9 580	7 520	6 859	6 758
总收入	716 875	728 540	745 966	811 818
归母净利润	-89 192	-80 744	31 858	39 059

数据来源:EZCORP 年报。

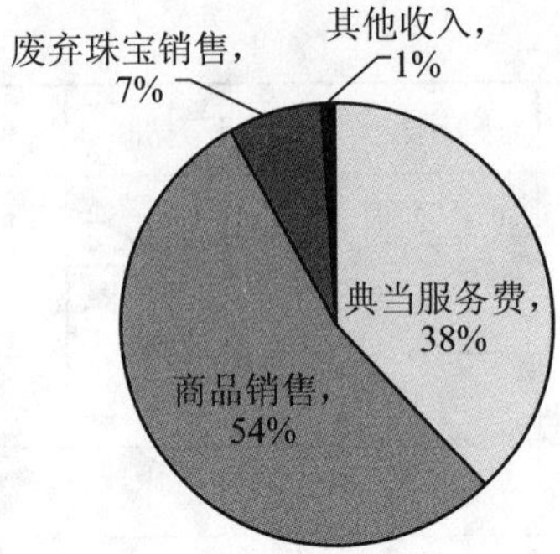

图 3　2018 年 EZCORP 主营业务比重

表 8　EZCORP 2015—2018 年美国地区典当贷款余额

（单位：千美元）

美国典当	2015 年	2016 年	2017 年	2018 年
每家商店平均每月结束典当贷款余额	252	270	280	279
典当贷款的月平均收益率	14%	14%	14%	14%
典当贷款赎回率	84%	84%	84%	84%

数据来源：EZCORP 年报。

表 9　EZCORP 2015—2018 年拉丁美洲地区典当贷款余额

（单位：千美元）

拉丁美洲典当	2015 年	2016 年	2017 年	2018 年
每家商店平均每月结束典当贷款余额	65	70	74	90
典当贷款的月平均收益率	16%	16%	16%	16%
典当贷款赎回率	77%	78%	78%	79%

数据来源：EZCORP 年报。

二、英国典当行业发展及监管

（一）英国典当行业的发展概况

英国典当业的起源可以追溯到 13 世纪中叶，弗朗西斯卡（Francesca）的僧侣创建了具有扶贫色彩的公立典当行，这便是英国最早的典当行。经过中世纪的稳定发展，在 18 世纪产业革命时期迎来了第一个繁荣期，到第二次世界大战结束，英国典当行业已经从仅百家的规模扩展到了 5 000 余家，但繁荣也带了混乱，由于典当行业缺乏监管和自律，整个行业名声受到了很大影响。因此英国典当行业相继成立了各类行业协会，有关法律法规也不断出台。在法律更新的基础上，英国典当业适应形势的发展，不断改进业务经营形式，提供优质服务吸引客户，大力发展普通商品销售业务和绝当物处理业务，外加上大量因信用等级差而融资无门的人需要典当而形成的充足市场需求，在这些因素的催化作用下，英国典当业在 20 世纪 80 年代以来实现复兴，进入了英国典当业的第二个繁荣期。目前英国典当行业已经是英国小额短期融资的主要形式之一，也是英国金融服务业中增长最快的部门之一。英国国内的典当行主要是由个体商店和小型连锁店组成，总计约有 1 400 家商店，主流典当行包括 Albemarle & Bond、Harvey & Thompson、Browns Pawnbrokers、New Bond Street Pawnbrokers 等。其中 Albemarle & Bond 是英国领先的珠宝典当商之一，目前经营 191 家门店。

当代英国典当行业的发展呈现出以下几个方面的特征：

第一，典当客户群体以弱势群体为主。根据英国金融行为监管局（FCA）在 2016 年的估算，英国超过一百万人口没有银行账户，几乎一半的成年人没有能力承担 300 英镑及以上的意外账单，960 万户英国家庭处于低收入水平。英国典当行业的客户群体与美国情况类似，都主要是以这些社会的低薪阶层或者社会福利的受益者为目标群体，其中，中低收入者和产业工人所占比重达到 70%以上，而女性客户和 26—45 岁中青年客户所占比重也都超过了半数以上。典当的客户群体往往无法在银行获取充足的金融支持，只能通过典当来获取资金应对各种生活需求。

第二，珠宝典当是主要典当业务。珠宝典当行业虽然只是英国整体非主流信贷市场中相对较小的一部分，但这个市场涉及的英国消费者依然多达 100 万，这些消费者都在寻求短期现金和信贷，市场正处于不断发展的阶段，珠宝典当商店数量大幅增加，也为这个领域内的企业带来了强大的竞争压力。在英国,典当行里通常都能看到类似于珠宝首饰店的玻璃橱窗,展示了各式各样、不同价位的新首饰或绝当首饰。有些典当行甚至是直接从珠宝店转行而来,只是在原有经营基础上增加了典当业务,这类的典当行从表面上看来更像是珠宝行,英国许多女性顾客甚至直接将典当行作为购买心仪首饰的首选场所。在珠宝典当业务之外,支票兑现、预付工资、快速贷款、预付借记卡、汽车租赁也是英国大型典当企业的主要经营业务。

第三,典当行业网络化程度较高。20 世纪 80 年代步入第二个繁荣发展期后,英国典当行业开始采取连锁制的现代企业经营制度。英国政府对于一般企业的经营管理也给予了充足的自主权,很多规模较大的典当企业纷纷跨地区设立分支机构,典当行业的市场网络程度也随之不断提升,英国最大的典当行已经拥有上百家分店,连锁化的经营极大提升了典当行在英国民众心中的形象。与此同时,也不能否认连锁经营下的典当市场网络的不断扩张,给典当业务模式创新、融资领域扩展等方面提出了更高的要求。

(二)英国典当业的监管体系

英国典当行业组织的创立和相关法律法规的设置,对于 20 世纪 80 年代典当业的振兴具有重要意义,由此英国典当行业也传承下来完备的行业自律和法律监管体系。

英国典当行业自律主要体现在英国典当协会(NPA)的设置,该协会成立于 1892 年,是由英国公平贸易办公室认可的正式行业组织,主要职责是为会员企业提供发展平台,加强作为金融服务业之一的典当行业的自我管理。英国国内的典当行都可以自愿申请入会,但需要得到典当协会审核通过,如果协会认为申请入会的典当行安全防范措施不达标,便会拒绝申请入会的要求。入会之后的会员将会收到典当协会的全方位服务,每次新的典当法规出台后,典当协会都会及时向会员提供修改内容和法规最新要求,协会也会向英国政府提出有关法律法规修订的意见,以维护典当行业的利益和长期健康发展。此外,典当协会也会为会员提供完整的咨询和培训服务,以及当物保险和会员清算等金融服务。

英国典当行业的法律监管部门在 2014 年由公平交易办公室(OFT)变更为金融行为监管局(FCA)。FCA 作为目前全球范围内监管最完善、法律执行力最强的金融监管机构,对于典当行业监管的主要目的是为了保护典当市场上消费者的合法权益,并促进典当行业的高标准发展,这一监管体制的变化也为英国典当行业带来了巨大变革。相比 OFT, FCA 更强调以客户为中心,制定了一系列有关典当企业公平竞争和消费者保护的条款。同时 FCA 的授权制度也比 OFT 更为繁重,想要取得授权的企业必须满足更为严格的组织、资本和业务要求,高级管理层的门槛和责任也需要相应增加。目前在英国接受 FCA 监督管理的典当企业正在不断增加,也仍有一些企业正在等待 FCA 的全面授权以开展典当业务。当然,鉴于 FCA 日趋严格的监管新规和执法手段,未来也可能会导致许多消费者信贷提供商提出市场。

英国典当行业有一套完善的法律法规。作为世界上最早制定典当业法规的国家,1872 年英国议会就通过了首部典当法律《1872 年典当法》(*Pawnbrokers Act of 1872*), 1985 年又出台了《1974 年消费者信用法》(*Consumer Credit Act of 1974*)取代了前者。此外,典当行的设立和监管还需要遵循《2002 年企业法》(*Enterprise Act 2002*)和《2000 年金融服务和市场法》(*Financial Service and Market Act 2000*)的一般规定。这些法律条文中对典当的行业准入进行了明确的界定,要求必须满足以下条件:

(1) 消费信贷许可证。典当企业必须拥有金融行为监管局颁发的经营许可证。

(2) 经营场所。典当企业必须在持牌贸易场所开展业务,并且交易名称必须与其获得交易许可的名称一致。

(3) 足额资金。在新设典当开展业务的首年,需要提供 5 万至 10 万英镑的启动资金来向客户提供贷款。

(4) 当物评估。鉴于英国典当行收当物主要为珠宝首饰,高水平的专业评估人员对典当行的日常运营是必需的,以用来做出关于每个客户借贷金额的合理商业决策。

（5）程序性知识。1974 年的《消费者信贷法》是针对包括典当行在内的所有形式的消费者贷款的基础法案，典当行业必须遵守该法案，并且必须持有金融行为监管局颁发的消费者信用许可证。

（6）安全。典当行对当物的保存负有安全责任，必须采取适当安全措施保证当物完好。

（7）保险和赔偿。为了保持商誉与交易安全，应给予当物投保。此外，典当协会还建议对经营场所、人员、现金等予以保险。

获得市场准入的典当企业，还需要遵守相关法规对典当经营行为的规定，但对于典当行业的经营范围并未作出明确限制。典当企业可以经营消费信贷的所有业务，主要是包括典当、工资日贷款、分期付款消费信贷和住房贷款等，在英国，大多数典当企业在典当业务之外，还同时经营着黄金买卖、二手物品买卖以及支票兑现等业务。对于典当物的经营范围虽未做限定，但在原则上要求来源合法、产权明晰、利益流通。房地产抵押也在法律允许范围内，但鉴于收益有限、交易成本高、手续繁杂等原因，英国的典当行对不动产业务并无太大兴趣。

（三）企业案例分析

1. Albemarle & Bond（A&B）

Albemarle & Bond Holdings PLC 于 1983 年始创于英国西部港口城市布里斯托尔，1996 年在伦敦 AIM 创业板上市，成为英国首家上市典当企业。2007 年，A&B 兼并了创建于 1840 年的英国第三大典当行 Herbert Brown & Son Limited。在 2014 年 A&B 退市前，经营门店已经达到 191 家，成为英国典当业的领跑者，其发展战略定位为：在双品牌经营的模式下，不断扩张门店数量，扩大市场份额，根据消费者的需要设计出各种创新型的金融服务，树立良好的品牌形象。

A&B 公司的业务主要是为消费者提供短期小额贷款，用于进行如房屋改善或意外开支之类的需求。除了为客户提供现金解决方案外，公司还提供大量新款或二手珠宝，用于满足广大消费者的需求。围绕经营目标，

A&B 的经营业务主要包括典当、黄金购买、零售和其他类金融服务。典当：在 A&B 的典当交易中，几乎都涉及了黄金首饰，其中大约 75%能够被赎回，无法赎回的部分则会被拿去进行拍卖，典当业市场利润与流通黄金数量的多少也有着直接联系。黄金购买：A&B 典当有专门的黄金购买公司，客户可以将他们不需要的二手黄金首饰出售以获取资金，黄金购买是典当行的重要收入来源，而且由于黄金鉴别能力和保管基础设施有典当行基本相同，因此提供此项服务的边际成本也相对较低。零售：A&B 集团的零售部门在典当行商店都设置有展示橱窗，放置着各种新型或二手的珠宝、名贵手表等商品，通过这种零售展示也吸引更多的潜在客户进入商店。其他金融服务：现在英国约有 1 000 万成年人有短期信贷要求，A&B 公司正在努力拓展业务范围，不断完善其金融产品，以填补这部分的市场空缺。

由于 Albemarle & Bond 在 2014 年退市，财报数据更新至 2013 年。数据显示 A&B 的收入从 2012 年的 1.177 亿英镑降至 2013 年的 1.071 亿英镑，税前基本利润从 2012 年的 2 140 万英镑减少至 950 万英镑。集团的质押书从 2012 年的 4 000 万英镑降至 2013 年的 3 700 万英镑，净债务从 2012 年的 4 340 万英镑升至 2013 年的 4 620 万英镑，每股基本盈利从 2012 年的 28.6 便士下降至 2013 年的 6.4 便士。

表 10　Albemarle & Bond 2010—2014 年的财务数据

（单位：千英镑）

分业务收入	2010 年	2011 年	2012 年	2013 年
典当业	28 205	31 466	34 763	32 337
黄金购买	28 156	45 151	60 454	48 123
零售	18 156	16 508	15 576	19 429
其他金融服务	7 511	8 731	6 904	7 180
总收入	82 028	101 856	117 697	107 069
净利润	14 404	15 293	15 675	3 536

数据来源：Albemarle & Bond 年报。

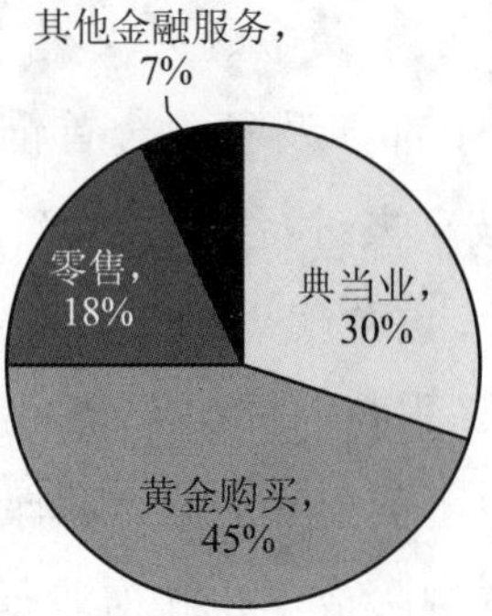

图 4　2013 年 Albemarle & Bond 主营业务比重

2. Harvey & Thompson(H&T)

H&T Pawnbrokers 于 1897 年成立于伦敦，经过对一系列老牌的典当行的兼并活动，目前已经扩展成为英国最古老和领先的典当行之一。2006 年 5 月 8 日，H&T 在伦敦创业板 AIM 上市。上市以来，H&T 通过增加新产品和服务，扩大商店网络和开发完整的在线服务实现了快速发展，并保持业内领先地位。

表 11　Harvey & Thompson 门店数量

门店类型	2014 年	2015 年	2016 年	2017 年	2018 年
并购	1	—	—	—	1
新店	4	—	—	—	—
关店	-8	-2	-8	—	—
总计	191	189	181	181	182

数据来源：Harvey & Thompson 年报。

H&T 的主要业务包括典当、个人贷款、珠宝零售、购买、外汇交易、回购、支票兑现。典当业务：H&T 典当行贷款以有价物品为担保，期限最长为六个月，每月利率在 1.99%至 10.00%之间。信贷合同受《2008 年消费者信贷法》条款的约束。任何可供准确评估的资产可用来抵押，通常是珠宝和手表。客户签订消费者信用协议的期限为六个月，客户可以在此期间的任何时候兑换货物，前提是他们偿还原始贷款金额加上任何到期利息。如果客户选择不兑换或续租贷款，H&T 将采取措施处理货物。如果质押价值超过 75 英镑，须通过公开拍卖处置货品，如果质押价值为 75 英镑或以下，通过零售或典当废料处置。个人贷款：H&T 的个人贷款可在商店和网上申请，提供贷款期限和定期还款金额设置具体取决于每个客户的个人情况。在发放贷款之前，H&T 会认真核实客户的身份信息并完成全面的可负担性评估。如果个人贷款业务获得批准，客户将签订消费者信用贷款协议，H&T 将在与客户商定的日期收取还款。珠宝零售：H&T 提供一系列全新的或二手的珠宝和手表，可在柜台购买或从供应商处购买，所有 H&T 的珠宝都是经过专业清洁、修复和估价流程的。物品购买：客户可以通过变卖他们不需要的物品，主要是黄金，来筹集一些现金。这一业务过程很简单，由 H&T 的商店对物品进行评估，与客户商定价格并在现场购买货物。外汇交易：H&T 以具有竞争力的价格提供外汇服务，无须支付佣金，这也是该公司的核心优势之一。回购：越来越多的年轻一代客户开始转向抵押手机、平板电脑和游戏机等电子产品来筹集现金。有此需求的客户群体就可以将他们的电子产品出售给 H&T，并在 31 天内回购。这一业务特别受年轻一代的欢迎，数据显示，2017 年 H&T 公司 53%的客户年龄在 35 岁以下。支票兑现：支票兑现作为一项金融服务，帮助客户在几分钟内取到支票现金，而不是将支票存入银行。客户使用 H&T 加速支票清算（一些建筑协会可能需要两周时间来清算支票），或者避免将支票存入透支账户。

H&T 的税后利润从 2017 年的 950 万英镑升至 1 080 万英镑，摊薄后每股收益为从 2017 年的 25.9 便士降为 2018 年的 29.2 便士。合并个人贷款和典当行贷款从 2017 年的 6 250 万英镑增长至 2018 年的 7 250 万英镑，这些贷款账项的增长是通过强劲的经营现金流来筹集资金。2018 年 12 月 31 日（2017 年：1 330 万英镑）的净负债为 1 360 万英镑，比 2017 年的 1 330 万英镑上升了 30 万英镑。

表 12 Harvey & Thompson 2016—2018 年的财务数据

（单位：千英镑）

分业务收入	2016 年	2017 年	2018 年
典当	28 384	29 670	41 278
黄金购买	15 021	17 651	20 745
零售	30 549	35 407	38 338
典当废料	11 135	11 696	14 059
个人贷款	3 499	10 012	22 472
其他服务	5 634	5 897	6 133
总收入	94 223	110 333	143 025
毛利润	54 770	63 766	88 244
净利润	7 582	11 336	10 829

数据来源：Harvey & Thompson 年报。

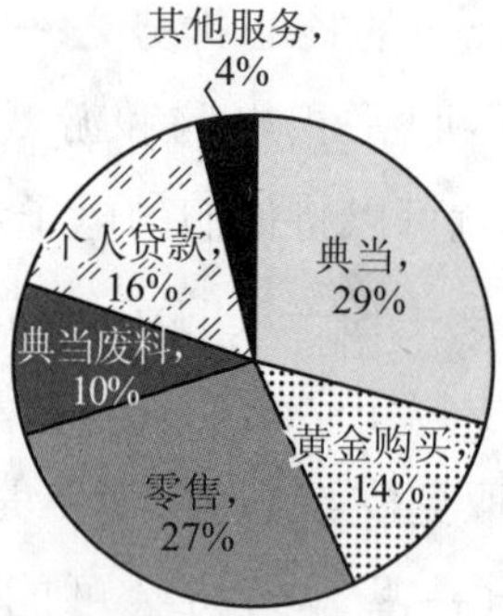

图 5 2018 年 Harvey & Thompson 主营业务比重

三、对我国典当行业发展的启示

金融贷款机制的健全与否等因素导致了不同国家对典当行业的经营定位的差异。英、美两国的典当行就是“穷人的银行”，客户群体主要是中低收入群体，该群体在银行没有账户或信用额度，无法从银行取得短期融资。而在中国典当行定位于服务个人和小微企业客户群,主要有房地产抵押贷款、财产权利质押贷款、动产质押贷款。在具体业务经营中,英美典当行业和我国典当行业还存在诸多不同:英美市场准入相对宽松,而我国准入门槛较高;英美多以大中型典当的连锁经营为主要形式,也有部分单店经营方式,而我国典当处于市场发展的初期,以单店经营模式为主;英美典当的业务范围涵盖典当、商品销售和金融服务,而我国经营范围受到了严格限制,商品销售和金融服务都被明确禁止;美国对于当金限额设置了上限,平均每笔为70—100美元,以此突出其在小额金融借贷领域的经营特色,而我国的当金金额规定相对较高,例如对房地产抵押典当的当金数额规定上限就非常高。此外,在绝当物品处置、典当费率、典当期限、绝当比率方面英、美两国典当与我国典当业也各有特点。

虽然我国典当与英美两国典当的发展路径不尽相同,但我国典当行业在20世纪90年代以来也呈现出快速发展的态势,加之社会的依赖、管理法规出台、政策环境改善,典当经营日后将更加趋向专业化,行业规模和典当总额继续增长。吸取英美两国典当行业的发展经验,我国典当行业在接下来的发展中也应该注意三个方面:第一,典当业作为融资手段的一种补充,能够满足对中小企业客户资金周转需求,应该大力发展典当行业,放宽准入门槛;第二,应尽快出台统帅典当行业管理的《典当法》或《典当管理条例》,树立适度合理监管理念,尊重典当机构的自主经营决策权,适当扩展典当行的经营范围,同时兼顾防范典当经营中可能产生的金融风险。监管体制上,回归银行金融监管机关集中统一监管,采取集中监管与自律监管统一的模式,确立更加高效的典当监管体制和更加科学合理的典当法律制度,以提高中国金融监管整体法治水平;第三,规范在房地产抵押登记、汽车和股票质押过户等环节的制度制约,统一政策为典当行业经营创造条件。

执笔人:王玉

日本、东南亚及中国港澳台地区典当业发展经验借鉴和启示

一、日本典当业发展经验

（一）日本典当业的发展历程

日本典当创建于9世纪左右，即平安时期（794—1192年），主要是僧办典当。而日本的民办典当则起源于镰仓幕府时期（1192—1333年），当时当铺被称为“库仓”，民办典当大规模出现于室町幕府时期（1336—1578年），其中致富的商人开办的当铺被称为“土仓”。对土仓而言，除了可以收抵金银等贵重财物外，也可以收抵贵族以及地主的私人地产。在1603—1867年的日本德川幕府时期，典当行业得到了长足的发展，是一个相当重要的阶段。从此以后，日本的当铺开始被称为“质屋”。而这一时期的日本典当业法律开始进一步健全，分布也更加广泛，当户中武士的数量开始增多。有史料记载，“当铺广泛存在，几乎在每一个村镇都有，通过收当个人用品、家具从事放款活动”。无论武士的地位如何，基本上均属于贫穷人群。而把将军的赏赐之物，也送进当铺，或是出卖求现金。部分特别贫穷的武士，为了能够参觐将军，向当铺抵押贵重物品换取衣服，当参觐完毕后需要迅速归还衣物。

直到明治维新时期，日本的资本主义经济得到发展，逐渐实现了资本主义制度，此时典当行业进入了巅峰阶段。在1868年，日本的典当铺的数量达到了顶峰，当铺达到了25万家的规模，贷款额达到了2 500万日元，相

当于每个当铺放款 1 000 日元。到了 20 世纪以后，日本的典当业仍然有比较顽强的生命力。日本在 1912 年创立了公益典当服务，通过 17 年的发展，在 1929 年达到了 210 家公益当铺，可以说公益典当达到了初步规模。1923 年，日本全国共有民办营利当铺 19 649 万家，其中又以东京、大阪、神户、名古屋、京都、横滨等 6 个城市的当铺居多，达到了 2 393 家。然而 1925 年减少了 1 797 家，为 17 852 万家。相比其他金融机构，当铺的规模和数量仍然超过了其总和，但是可以看出典当行业开始进入下降的时期。

第二次世界大战以日本的投降作为结束，并且美国以战胜国的姿态占领了日本。初期，日本国内经济萧条，失业严重，社会贫困化迅速加剧，故典当业又从 20 世纪上半期的不断衰落重新走向繁荣。例如：1952 年，有一家名为“铃屋当铺”的典当机构在东京创立，因为当时正值战后不久的日本陷于极端贫困之中。该当铺每天接待的绝大多数客户都是填不饱肚子的贫苦人和大学生，他们用来典当的东西通常都是价值较低的物品，如破旧衣服和用具等，然而铃屋当铺来者不拒，这就使得其交易额逐渐提高，而且规模也越来越大。于是，日本许多人纷纷效法，也开始投资典当，致使国内当铺越开越多，到了 1960 年，日本当铺的数量再创新高，达到 2 万多家，几乎与近百年前的明治时期的典当业相媲美。伴随着典当行业进入飞速发展的阶段，日本各行业越来越关注典当行业，比如日本的当铺日节日，当天每个当铺均开展丰富的活动，通过摆摊的方式卖掉无法赎回的物品，并且在宣传的时候强调廉价、大甩卖等，希望通过这种方式可以吸引客户。

（二）日本典当业的特点

进入到 20 世纪以来，日本的经济迈入了新的台阶，尤其是如日中天的金融业在一定程度上对典当行业产生了影响。

1. 典当机构的调整

进入 1980 年后，日本典当行业进入到新的时期，其性质以及组织结构均产生很大的改变。首先，公益典当几乎销声匿迹，现存的当铺基本属于民办应力行列，相比于 20 世纪初期欣欣向荣的公益典当而言变化相当大；

其次是当铺的结构呈现出新的特点，除了保留个人独资形式的当铺以外，典当的组织形式还出现了根据现代企业制度组建的有限公司和股份公司。日本的相关法律法规：在当铺属于有限公司的情况下，其注册资金本应超过300万日元；在当铺属于股份公司的前提下，其注册资本金不得低于1 000万日元；在当铺是个人经营的情况下，没有明确要求注册资本金的数量。根据相关的统计，截至2017年底，日本目前全国总共4 750家当铺，并且多是资本不高、规模很小的私立夫妻店。目前日本的最大当铺，注册资本金在1亿日元左右，约670万元人民币。而且日本没有一家上市的典当公司。

2. 典当服务的改善

伴随着日本典当行数量大幅度减少，与此同时其服务质量却在稳步提升，这一点是有目共睹的。随着时代的变革和发展，一些日本典当行为了抓住顾客的眼球，在装修上下足了功夫，相比于以往普遍变得富丽堂皇。例如：东京的"铃屋当铺"，从外表上看依然是传统的，旧式格局，但其内部装修与陈设令人耳目一新，四周墙壁上悬挂着著名影星的照片，不停地播放着流行乐曲，而且免费为当户提供香烟和咖啡。该当铺的女老板常说："纵然日本今天已变得相当富裕，但有些人还是乐意跑当铺，因为在这里筹集资金手续简便，省时省力。"正因为如此，这家当铺来者不拒，即使是500日元的小单，他们也会热情接待，要知道，500日元在当时的日本仅仅可以买到一杯咖啡。

3. 当铺数量的减少

据统计，在20世纪80年代，仅仅东京一地，就有近千家当铺，这一数量就当时市场的市场份额而言，是十分巨大的。但是到了2017年底时，日本全国只有当铺4 750家，数量下降了76.26%。经过调查研究发现，当铺数量锐减，主要受下述几个因素的影响。首先是经济的进步，居民收入和工资水平稳步提升，救急的需求大幅度减少。其次是日本的社会保险体系日益完善，居民在之前主要依赖当铺的几种情况，比如灾害、疾病降临时，都可以从政府层面得到合理的救助，当铺应急的地位能力遭到强大的挑战。最后是日本向普通民众提供稳定贷款的机构越来越多，这也大批量地分流了当铺固有的客户，造成典当行业的进一步萎缩。

4. 资金来源稳定

从性质来讲，当铺属于小微型金融机构，日本也是如此，因此正常开展业务的前提保障就是当铺的资金链是否稳固。据相关调查数据的分析，可以得出结论，目前日本的当铺其服务对象一般为 30 岁左右的中低收入的年轻人，当铺为其提供的典当额一般集中在 5 万到 15 万日元的这个档位，折合人民币大约 3 800 元到 11 000 元。以东京的铃屋当铺为例，其每天的典当金额大约在 900 万日元，该当铺的经济效益良好，资金需求量极大。就日本现行的典当行业管理法规，允许当铺用自己的房产和仓库作为不动产，以此来向银行举债，进行贷款经营，从而获取开展业务的运作资金。

5. 动产典当为主

半个多世纪以来，日本的典当物品几经变化，典当行收当的东西档次渐高，小型化、精巧化的特征日益明显，但仍是以动产典当业务为主。据东京当铺公会的调查结果显示，战后四个时期当铺的典当物各不相同。**第一时期（1950—1965 年）**：五大当物的排序为服装、手表、相机、珠宝和家用电器。此外饭锅、寝具、木工用具等日常生活用品也常被典当。**第二时期（1966—1985 年）**：五大当物的排序为手表、珠宝、相机、贵金属和家用电器。服装已很少用于典当，但高尔夫球会员证等有价证券则可典当。**第三时期（1986—2000 年）**：五大当物变为贵金属、珠宝、手表、名牌商品和相机。**第四时期（2001—2017 年）**：五大当物为贵金属、钻石、珠宝、手表、相机；其中珠宝、手表、相机和贵金属始终是日本典当业务中的主要品种，几十年来未曾发生过变化。

（三）日本典当业的监管机制

对于典当行业的监管而言，在第二次世界大战结束后，日本颁布了相关法律法规,例如《典当营业法》规定了行业的监管部门,根据该法规可知,当地的公安委员为主管部门。凡是从事典当业的人均都需要经过各都道府县公安委员会负责审核批准,而从业申请书则是递交给所在地区警察署转呈,警察机构属于日本典当业的具体治安管理部门。之所以是由公安委员会负责审批监管,主要是为了防止不法分子利用当铺进行销赃。而由警察机构进行治安管理,则有利于政府部门及时了解和掌握各家当铺的日常经营管理状况,并防止赃物通过典当渠道流通。因此《典当营业法》在关于审核条件项目中特别规定:"受到刑事处罚后不满三年者,不得从事典当业务。"这主要是为了防止当铺与社会不法分子相勾结,利用典当业这个十分特殊的行业进行违法犯罪活动。同时,日本警察机构还要求,各家当铺遇有可疑情况必须要及时报告,而警察在必要情况下,则可以进入当铺营业地或者当物保管地进行检查,并向有关人员提出问题,警察机构对当铺的正常经营活动则不予过问。

为了防止不法分子利用典当进行犯罪,日本的《典当营业法》规定,当户持物典当时,必须出示有效证件,确认身份后才可以进行。如果当铺不进行身份确认或明知当物来路不明,仍进行典当交易,则属于违法行为,就必须要承担法律责任。

(四)日本典当业的发展趋势

就目前而言,日本的典当行业相对来讲还是比较繁荣的,其全国人口一亿多,当铺规模为4 750家,算下来平均三万人就拥有一家当铺,就全世界而言,这一比例是相对较高的,经过多年的发展,日本的融资链条和格局已经模式化,其模式主要是,大型企业资金来源主要依赖于各类大型银行,类似于城市银行、长期信用银行、信托银行等。而中小企业则由一些地方性质的中小银行来提供;而遍布全国的更多小微企业资金来源则是形形色色的非官方金融机构。因此日本的当铺承担着向居民提供质押贷款这一重要职能,一般经手的物品也是较为常见的金银饰品、大件电器等动产。在如今的日本,当铺属于微利企业,其赖以生存的利润一般是比例很小的典当利息、手续费,而且资金周转周期很长,一般只有一年两次左右。

二、东南亚国家典当业发展经验

(一)新加坡的典当业发展

新加坡地理位置优越,是国际上著名的航运中心之一,其在世界金融格局里承担着重要的角色,也是我国所主导的“21 世纪海上丝绸之路”的重要一站。新加坡典当业距今已有 200 年历史,经历过鼎盛和衰落,但是又通过转型和服务让典当业重新注入了新的活力,其经营模式广受欢迎。在新加坡,为典当业颁发执照的是政府,而对行业的管理服务工作则是由当商公会负责,新加坡当商公会成立于 1920 年,截至 2017 年年底,新加坡共有典当企业 205 家。新加坡的典当行业在创始时就传承了典当传统文化,坚持开展民品质押业务这条路,对行业定位及风险处置形成了一套较为完整的运营模式,通过几代典当人不断完善、发展、规模在不断扩大;新加坡政府对典当行业有着严格的监管体系,又有成熟配套的法律保护和典当物品保险制度:即所有的典当行要对办理的典当业务缴纳当物保险金,一旦出现问题,由保险公司承担赔偿责任,有效规避了因不可抗拒因素造成的潜在风险。

新加坡典当行有两种经营模式:(1)是以会长单位恒生当为代表的传统经营模式,经营品种主要以贵金属、钻石珠宝、高档腕表为主,以恒生当为例,其黄金典当业务占 90%以上,各家都开展绝当销售业务,只是规模大小不一;(2)是近年发展迅速的银丰当、大兴当、方圆当等新兴典当行的连锁经营模式,最多一家多达 56 家分店,门面装修华丽,利用比较成熟的典当平台,以销售为主,上述几家典当行规模较大,都是上市公司,拥有自己的黄金销售品牌和二手奢侈品的进货渠道。除了这些,新加坡还有将近 200 家的贷款公司,他们以信贷为主,这也对传统当行有着很大冲击。

新加坡的典当业在 2009—2017 年发展得较快,贷款金额最高时达到

350 多亿元人民币，目前仍维持在 250 亿元人民币左右的水平，贷款金额的下降，主要是有两方面的原因：(1)典当门店激增，竞争加大，(2)年轻人对奢侈品多样化的需求增加以及对黄金饰品需求的减少。新加坡的典当客户群体中本土人口占 2/3，外来占 1/3，其中 50—60 岁客户占 60%，而且多为华裔和印度人。目前，新加坡典当行业要求最低注册资金折合人民币为 1 000 万元；业务范围仅限民品典当业务，其中黄金业务占了 80%以上；新加坡政府规定典当费率上限为月息 1.5%，由于近年新兴典当行的竞争，费率普遍控制在 0.8%—1%之间，处在微利经营状态，一旦费用开支控制不好就会出现亏损、倒闭现象；典当期限为 6 个月，典当付款时不支付任何费用，待到期后赎当时再一次性缴纳息费，其间不与客户进行任何沟通联系，赎与不赎全部取决于当户；绝当后必须经过政府制定的拍卖行公开拍卖，剩余价值还要退回当户，经当商公会多年的谈判协商，2015 年才废除拍卖形式，由当行自行销售处置。

(二) 马来西亚的典当业发展

马来西亚典当行目前有 400 多家，政府对行业也实行监管，注册资金最低为 400 万马币，与新加坡不同的是分支机构不能超过 3 家；业务比较单一，业务范围只能办理民品典当，其中黄金业务占了 90%；腕表、钻石有一小部分，也是没有房产、车辆、财产权利等业务，典当费率上限月息 2%；单笔业务不得超过 1 万马币；当票一开就是 6 个月，息费不扣除，赎当时一并收取；当期内不与客户做任何交流，到期才通过电话、短信、邮件等方式告知客户，超过 200 马币绝当后必须通过政府统一拍卖，拍卖金额扣除本息后多余资金由政府管理，当户再进行申请领回。

传统典当业曾经兴盛一时是缘于马来西亚人口由华人、马来人、印度人组成，受传统观念影响及天生对黄金的保值属性认可，及宗教、婚姻、审美观等原因形成家家有存货，保值投资首选黄金。遇到应急周转首先选择当铺，典当比例基本是牌价的六成，绝当不划算，所以当期一定是赎回，断当率只占 5%，年化收益 24%，风险极低，收益稳定。由于马来西亚的主流宗教信仰是伊斯兰教，教规严禁盈利和收息，于是就采取信用合作社形式收取教众每人 100 元股金，其余资金由政府部门及银行投入，把息费收入改为物品保管费，同样的经营范围但息费率只有 0.8%；产生的利润一部分已购买生活用品的形式发给会员，合理的规避了教规。资金充裕、收费低、宗教形式推广等优势，迅速在马来西亚推广开来，目前已经开办了 1 000 多家，这对传统的典当业带来了极大的冲击。再加上 80 后、90 后消费观念的转变，不再传承黄金购买欲望，而且新金融的高速发展，也使传统典当业行业整体行业发展信心不足，缺乏竞争力。

三、中国港澳台地区典当业发展经验

（一）中国香港地区的典当业发展

香港地区是国际公认的世界性金融中心之一，其金融业发达程度不亚于美国等发达国家。香港地区不仅正规金融业发达，而且以典当业为代表的非正规金融业也相当繁荣。虽然典当业经历了跌宕起伏的发展过程，但在香港这现代化大都市的今天，典当在促进经济增长和方便人民生活中仍占据着一席之地，在保留传统文化的同时与时俱进。

1. 传统典当文化气息显著

（1）沿用传统典当招牌

与内地不同，香港地区的典当行不称为“当”而是“押”，典当行门前通常都会悬挂或漆于门墙上一醒目的“押”字，以引起路人注意，有些招牌还是中英文对照的。还高高悬挂于空中的蝙蝠状灯箱广告招牌，即使是在夜间也能让行人感受到典当业的繁荣，这种潜移默化式的广告更能深入人心。蝙蝠在古代有生意兴隆的寓意，香港地区典当行则将中国的传统文化传承至今。

（2）铺内陈设风格古朴

香港地区店铺有这样几个特点，称作“小门脸儿、高柜台、大屏风”，整个一传统当铺的再现。进入店铺映入眼帘的则是高达 2 米多的柜台和印有店铺名称的巨大屏风,营业员仍要站在踏板上接待客户。香港地区典当从业人员拥有高超的鉴定、评估技能,业务娴熟,工作效率高。工作人员最大的特点就是从不用机器打印当票,仍然用毛笔以能够突出本店特色的字体书写当票,以防模仿假冒。

2. 完善的监管制度

香港地区对典当的监管可谓行政管理和经营管理双管齐下。行政管理的重点主要放在审批和治安上,香港地区典当行开业必须持有警务处颁发的押商业务专门牌照,并且此牌照是有有效期的,到期可以续。由于典当行是资金和财务聚集的地方,安全性必须保证,因此相关制度允许警务人员可随时进入店铺内进行检查巡视,而且也对当物失窃做出了详细规定。除以上行业外监管之外,香港地区典当业还设有业内监管的协会组织,即"香港九龙押业商协会",通常会代行政府部分职能管理业内事务。此协会作为典当商和政府之间的桥梁既能维护典当双方的利益又能促进香港地区典当行业的有序健康发展。

3. 香港地区典当业的发展经验

香港地区的典当业制度体系也比较完备,其有着较为悠久的典当法,早在 1858 年即比照英国之典当法制定了《当押商条例》,虽然已经经过了数次修改,并沿用到了今天。

(1) 具体业务规则等规定方面

香港地区《当押商条例》对典当行的经营范围、当金数量、典当期限、典当息费、续当以及绝当物处理等方面有着明确之规定。其中典当经营范围而言,不动产是不允许进行典当的;对当金的最高金额进行了限制,在 1990 年的时候,这个限额是 50 000 港元;就当期而言,典当行是能够进行调配的;对于绝当物品,明确规定借款人 4 个农历月届满当户仍未赎当的,当押物所有权归典当行所有等。显然,《当押商条例》对具体业务规则之细化规定,为法院解决相关纠纷提供了法律依据,对于典当行也起到规制作用,对于引导典当业之健康发展相当有利。

（2）较为宽松的准入监管体制

香港地区的许可准入制度相对较为宽松，注重效率，对于典当业迅速开展业务极为便利。此外，香港地区典当行由警方负责监管和发牌，和美国类似，这对于解决相关法律纠纷以及打击典当方面的违法犯罪行为方面发挥着相当重要的作用。

（3）管理方面

对于香港地区典当业协会来说，它在整个典当业的发展过程中也起到了关键的作用，包括行业规范的颁发以及制定等，以及要对典当业进行有效的监督和管理，这样可以促进香港地区典当业的良性发展。

（二）中国澳门地区的典当业发展

依附博彩、动产典当、双重经营是澳门地区典当业经营的三个重要特点。在澳门地区，博彩旅游业是其关键产业，因此就形成了典当业离不开博彩业的局面。“根据相关的统计，目前澳门现存的60多家典当行，全部都能为赌客提供融资服务”①。与其他地区不同，受博彩业的影响，澳门地区典当行实行24小时不间断营业，午夜至次日凌晨是生意最火爆的时段，其工作人员的工作时间大多实行轮换制。为了让顾客更加便捷地取赎，典当行绝大部分都能够异地赎当，即客户在澳门区域进行了典当，在香港地区就可以赎当。

澳门地区典当业的另一大特色就是当物仅限于动产，房产、汽车这样的不动产一概不允许典当，但是对相同当物的当金要高于内地。双重经营模式也是澳门地区典当行的一大经营特色，除典当业务外，还兼营零售业务，并且是以零售全新商品为主，绝当物品为辅。这不仅能满足客户的消费需求，避免典当尴尬，而且有利于典当行规避经营单一业务带来的风险。

---

① 李沙：《中外典当》，学苑出版社2010年版。

（三）中国台湾地区的典当业发展

1. 台湾地区典当业的发展历程

1950年左右，台湾地区的典当行正式出现在公众的视野，到目前已经经历了六十多年的发展。1950年左右处于对退伍的士兵照顾的目的，并且使一些没有工作技能的跟随国民党到台湾地区的士官退伍后依旧有一个维持生计的工作，当局做出了如下规定：除士官外，任何人都不可以开设当铺。随后到20世纪60年代初期，当局放宽了开设当铺的条件，即民间的其他人士也可以开设当铺。尤其到了70年代，台湾地区当时正处于“十大建设”的发展阶段，经济获得了长足的进步，典当行业也在这种环境下获得了极速的发展。相比于大陆，台湾地区的典当有很大的区别，一般来说都是世代相传的。有关数据显示，到2017年6月份为止，台湾地区共有2 128家民营当铺和10多家公营当铺。除此之外，他们还设立了20多个不同的当铺业同业工会。以台北市居多，有276家，高雄市次之，有220家。台湾地区的典当行比较重视店铺的营销，几乎每个典当行都有一个独一无二的口号，并且将写有口号的牌匾置于店内。台湾地区典当行对当物范围没有规定，其范围之广令人无法想象，除普通的动产、不动产之外，还有“活体典当”，即宠物等有生命的动物也可以作为当物，可谓真正的“万物皆可当”。另外，典当发展很不稳定，银行紧缩银根时当铺生意异常火爆，遇到经济严重衰弱时，多数客户不赎当，以致当铺坏账频发，无力继续经营。

2. 台湾地区典当业的特点

在台湾地区，还存在一个“动产质借处”，它开设的目的主要是为台湾地区的民众救急济困，其主要理念是服务于民众。它跟民营当铺有很多的区别，主要体现在手续费、利息以及融资金额等的优惠上，具体区别如下：第一，就组织性质而言，公营当铺是一个公益性的事业机构，是由当地所在的市政府所进行监管。它的主要设立目的不是盈利，并且大多数都分布在台北市，仅有一家是成立在高雄市。而对于民营当铺来说，它一般都是通过民间社会人士进行运营的，设立的初衷主要就是盈利。第二，就法规以及法律层面而言，公营当铺要遵守台湾所谓的《当铺业法》和台北市政府的相关规定，而民营当铺仅仅需要遵守前者的相关规定。第三，就资金来源层面而言，公营当铺主要是借助了市政府的投入，不存在任何的民间资金；而民营当铺所运营的一切资金都是由业者自己筹得的。第四，就相关费用而言，公营当铺一般来说在利息收取的时候月利率为0.7%，并且不存在任何的保管费；而民营当铺在月利率这方面的数额是2.5%，保管费一般都是依照一个季度1.5%的标准来进行收取，它的费用上限必须低于或者等于5%。第五，就借款期限而言，公营当铺借款的期限大多数都是半年，电子设备以及机动车的期限是一个季度。而民营当铺对全部的借款业务都仅仅只有三个月的期限。第六，就借款额度而言，公营当铺每次能够借到金额是小于或者等于50万新台币，对于一个客户来说，他总共的借款金额累计起来必须小于或者等于3 000万新台币，但是如果是在民营当铺进行借款的话，就不存在上述限制。

台湾地区典当业追求诚信经营，礼貌待客，面对面的服务，备感亲切，对VIP客户设立专门接待室，且统一着装。在对绝当品进行操作的时候，都必须佩戴白手套，而且所有店铺都一定要有专门的珠宝鉴定师来进行把控，除此之外，专业的仪器也是必不可少的，假如有客户要进行购买，他们全部都会当面鉴定，随后给出具有法律效应的鉴定证书，当双方都进行了签字确认以后，才可以交讫。就二手车来说，它们也被称作“权利车”，典当行具备有效的技术来对汽车展开翻新操作，在全新装饰以后又能够再次销售，而且能够让用户分期付款，如果有客户对产品不满意，还能够退款。

3. 台湾地区典当业的监管机制

在台湾地区的典当行里，它的经营范围仅仅包括了动产质押典当，比如说金银珠宝、时尚奢侈品以及数码产品等。除此之外，还涵盖了汽车的质押典当业务，对于台湾地区当铺而言，它是无法设立分支机构的，假如因为市场需要而增加网点，仅仅只能借助开设新店的措施，并且当铺名称一定不能跟其他当铺重复。但是，门店的装修的风格是允许保持相同的。对于同一法定代表人而言,他能够开设并且运营多加店铺,并且在股份的划分以及出资方式等方面并不存在很多的束缚条件,其中一个束缚条件就是出资成本的最少限额为 150 万新台币。在实际运营的过程里,股东能够通过自筹的方式来不断获取资金,从而增加自己的经营规模。没有大陆对典当业务无法大于注册资金对应比例的强制规定。对当物的处理层面而言,台湾地区有如下的规定:如果当物期满了一个季度并且当户未能赎当的,不管它的价值大小,当物的所有权便全部转变到了当铺,当铺能够对这个绝当物品展开任何不违反规定的处理,这部分内容跟中国大陆的《典当管理办法》有较大的区别,在《典当管理办法》里有如下的规定:如果某个绝当物品的价值大于了 3 万元,那么就一定要借助拍卖的模式来进行处理。

相比较而言,台湾地区的典当行在对绝当物品的处理方面具备了更多的灵活性,如此也具备了更大的利益保障。因此,在台湾地区的当铺里,它的柜台里充满了很多的绝当珠宝以及名贵的箱包等。对于淘金者来说,它存在很大的市场空间。他们一般在当铺都能买到性价比很高的产品。由于台湾地区经济有了巨大的进步,当地居民也具备了更好的经济条件,手里有更多的值钱的货物,如果他们需要对款式进行更换或者进行折现的时候,一般都非常倾向于在当地的当铺进行出典或者换购,并且台湾地区本身出台了严格的规定来确保当铺具备合理的收益,所以台湾典当行发展非常的繁荣。民品的典当收入占总收入超过了 70%(因为台湾地区有不同的民间融资方法,第一包括民营以及公营当铺;第二包括地下钱庄、现金卡以及信用卡预借现金等,因此台湾地区民营当铺在不公开的情况下也发放了很多的高利贷,从而来获取更多的利益)。

当铺进行设立的时候,一般都需要取得当铺业许可证,这个许可证是通过当地市长、当地警政署管辖处所共同颁发的,其跟大陆的典当经营许可证非常类似。当地市政府必须给出公函(也就是大陆常说的营业执照),才可以正式地对公众进行营业,并且当票的设计款式并未统一的规定,每个当铺开业的时候都能够设计自己中意的款式，不过在当票上都必须要涵盖所有的要素。

4. 台湾地区典当业存在的问题

2008 年，由于金融危机的影响，台湾地区的典当行业也进入低潮期，并且由于当时台湾地区的经济不景气，大部分的台湾民众都丢掉了工作，在小企业内部也产生了很多的资金难题，因此大部分人都把家里面价值比较大的东西在当铺进行典当套现，当时的情况基本上可以说民众是通过典当度日。不过台湾地区的当铺虽然生意非常火爆，不过也因此生成了一些较大的隐患，因为大部分的当户在到期以后并不具备赎回当物的能力，因此形成了很多的绝当，加之民众也不具备持续提升的购买水平，在当铺里很多的绝当物品没有办法进行再次销售，因此造成当铺的资金回笼也产生了很大的问题，绝大部分当铺的资金都变成了无源之水，并且由于人工以及铺面租金的成本增加，造成了大批量的当铺都因为资金链的断缺而相继倒闭，在高雄地区当时就有三十多家当铺停止了营业。不过在渡过金融危机以后，很多实力较强的当铺依然坚持运营了下去，台湾地区的经济也迎来了恢复的发展时期，现在台湾地区的典当业也处于了比较平稳的时期，并且迈入了强大的发展阶段，现在有一些当铺都使用了具备较大科技含量的 IC 卡芯片来对典当业务进行记录，传统的当票则鲜有使用。

5. 台湾地区典当业的发展经验

我国台湾地区有着较为完善的典当业规则体系，规则相对比较完备，在 1940 年即颁布了《当铺业管理规则》，随后经过历次修改，并于 2001 年颁布了所谓的“当铺业法”，对典当业管理制度等方面有了详细的规定。

(1) 具体业务规则等规定方面

台湾地区的有关规定对典当经营范围、收当、典当费率、收赃、绝当、绝当物处理等方面有着明确的规定。并且，典当的经营范围有明确的规定，即仅仅允许动产来进行典当；就收当而言，典当人一定要确保自身身份无误，而且应该记录指纹；典当费率必须小于四分等；对于收赃，确定为赃物的由当户支付当金赎回;绝当期限为三个月等。台湾地区对典当具体业务规则的细化规定,为案件审理提供了必要之依据,有利于典当业的健康发展。

(2) 实行严格的准入监管制度

台湾地区对典当行的准入监管主要是总量监管,并不特别关注个别企业的准入;规定典当行不能够设立分支机构,而且对于企业怎样进入典当行做出了明确的限定;对典当业从业人员也有着极为严格的规定。通过事前的严格审查,典当行的交易安全得到最大限度的保护,有利于典当业的健康发展。从总体上来说,台湾地区的监管体制比较单一,有着明确的监管体系,省、市、县三级皆有相应之监管单位,其对典当业之监管职责明确,有利于监管工作的开展和典当业之健康有序发展。

(3) 其他方面

在台湾地区,当局颁发的典当相关规定,对于如何进登记事项变更等进行了阐述。同时,较为发达的典当业在其业务自身也发展出了多种业务模式,并推动台湾地区典当业之整体发展。

四、对中国典当业的借鉴意义

(一) 关于行业监管

对于典当业监管机构,在我国典当业先是由中国人民银行管理,后由经贸委监管,2018 年之后又改由银保监会监管。然而在境外,美国是将治安管理权赋予当地的警察局,由要求其备案典当行的业务记录,并根据该记录进行查询、查处其中违规者等;香港地区的也由警方负责监管和发牌。也就是说,由警察局负责监管典当行有一定好处,即监管的便利性。就目前监管机构来说,首要的问题就是确保其稳定性的。例如:1940 年中国台湾地区的《当铺业管理规则》、1858 年中国香港地区的《当押商条例》以及 1872 年英国的《典当法》等,都是经过几次修订,沿用至今,因此具有良好的稳定性,这对于典当业健康有序的发展起到了保障作用。

行业协会的监督管理作用是特别关键的。美国各州都设有典当协会,而且典当协会在典当业监管中发挥着极为重要的作用;而香港地区的典当业协会甚至能够制定相关的行业规范,这对典当行可以进行严格规范并积极引导。可见典当协会的作用非同一般,一方面可以辅助政府有关部门加强监管,同时也可以代表诸多典当行的利益,反应各个方面的企业呼声,争取典当业的相关立法和政策,将有利于典当业的内部团结,也可以充分维护典当行的合法权益。

(二)关于法律制度建设

其中包括典当业立法问题、具体业务规则等方面的问题。就典当业立法而言,美国各州根据《统一典当法草案》制定各自的法规,效力和等级都比较高;其他如1958年中国香港地区《当押商条例》、英国《1872年典当法》、新加坡《典当商法》等,法律效力等级较高,都是严格意义上的立法。而中国内地的典当业相关制度则均属部门规章,法律位阶较低,从而导致国内处理典当纠纷时法律适用上较为混乱。在具体业务规则等方面,海外相关法律对于典当业经营范围、当金数量、典当期限、典当息费、续当以及绝当物处理等方面有着明确的规定。

参考文献:

郭金锋:《我国典当业发展的对策研究》,天津财经大学2015年。

郭娅丽:《惠普金融理念下典当融资规则的理论探讨与实践求证》,知识产权出版社2016年版。

朴明根等:《信托、典当、拍卖与租赁管理理论》,经济科学出版社2008年版。

苏虎超:《民间借贷活动与金融犯罪相关问题探析》,《中国刑事法杂志》2011年第6期。

王著:《企业融资难典当受考验》,《中国商报》2015年1月23日。

夏宇:《典当人口缺失巨大》, http://www. zgswcn, com/2013/0117/117216.shtml, 2013 年 1 月 17 日。

章志豪:《集资诈骗罪与民间借贷之审视》,《法制博览》2015 年第 8 期。

赵越:《民间借贷利率法律问题研究》,《金融法苑》2013 年第 2 期。

执笔人:吴明玺

后 记

本研究报告是上海社会科学院经济研究所典当研究中心组织学术界、政府管理部门和典当业界的研究人员，共同合作完成的科研成果。本项目组研究人员根据上海和全国的典当行业发展的实际情况，以及理论界相关的研究成果，经过反复酝酿讨论，确定本年度报告的研究专题。然后在讨论拟定总报告内容框架和各专题报告主题基础上，各课题组集体研究、讨论，专业研究人员执笔完成初稿，最后由韩汉君、吴贤达完成对全部书稿进行审阅、统稿和定稿工作。

在本研究报告的研究、撰写过程中，始终得到上海典当行业协会的大力支持，在此谨致谢意！

上海社会科学院出版社的编辑为本研究报告的出版付出辛勤的劳动，在此谨表谢意！

编 者

2019 年 10 月

图书在版编目(CIP)数据

2018—2019年上海典当业发展报告 / 韩汉君，吴贤达主编 .— 上海 ：上海社会科学院出版社，2020
ISBN 978-7-5520-2969-7

Ⅰ. ①2… Ⅱ. ①韩… ②吴… Ⅲ. ①典当业—研究报告—上海—2018-2019 Ⅳ. ①F832.38

中国版本图书馆CIP数据核字(2019)第270848号

2018—2019年上海典当业发展报告

主　　编：韩汉君　吴贤达
责任编辑：应韶荃
封面设计：陆红强
出版发行：上海社会科学院出版社
　　　　　上海顺昌路622号　邮编200025
　　　　　电话总机021-63315947　销售热线021-53063735
　　　　　http://www.sassp.cn　E-mail:sassp@sassp.cn
照　　排：南京理工出版信息技术有限公司
印　　刷：上海颛辉印刷厂
开　　本：710毫米×1010毫米　1/16
印　　张：12.75
插　　页：2
字　　数：169千字
版　　次：2020年1月第1版　2020年1月第1次印刷

ISBN 978-7-5520-2969-7/F·597　　定价：65.00元